Sabrina Masson

La sérénité financière

EN 10 MINUTES PAR JOUR

Bien gérer son budget pour économiser, épargner et investir

MAXIMA

Clause de mise en garde

Les informations contenues dans ce livre ne doivent pas être considérées comme des conseils juridiques, fiscaux, ou financiers, ni comme une sollicitation ou recommandation à l'investissement. Investir comporte des risques de perte de capital.

Conception graphique de la couverture : Studio Dunod
Mise en pages : Nord Compo
Relecture : Danielle Roque

Maxima est une marque de Dunod Éditeur
11 rue Paul Bert, 92240 Malakoff

ISBN 978-2-8188-1237-2

Sommaire

Introduction

Bonjour cher lecteur et merci de me faire confiance pour vous accompagner vers votre sérénité financière grâce à ce livre que j'ai voulu simple, concret et accessible à tous. Les maîtres mots sont donnés : simplicité et efficacité.

J'espère de tout cœur vous aider à améliorer votre situation financière, à réaliser vos rêves et vos projets. Mais si vous suivez ces conseils pas à pas, je n'en ai aucun doute !

L'objectif de ce livre est de vous expliquer comment optimiser vos finances personnelles, quelle que soit votre situation à ce jour et quels que soient vos raisons et objectifs. Qu'il s'agisse d'acquérir la maison de vos rêves, de vacances sous les cocotiers, de payer une nouvelle voiture, de préparer sa retraite, de payer les études des enfants, de faire un achat immobilier pour du locatif, ou encore de se sortir des mauvaises passes financières, peu importe, une fois que vous aurez compris le fonctionnement, c'est la même logique pour chaque projet et elle est beaucoup plus simple qu'il n'y paraît quand on la connaît.

L'argent a un impact sur de très nombreux aspects de la vie, que l'argent soit pour vous un moyen ou une fin en soi. La santé physique, le bien-être, l'éducation, le confort, le travail… beaucoup dépend de votre éducation financière. Bravo à vous, vous venez de faire le premier pas vers une nouvelle vie pleine de bien-être dans tous les domaines. Bien sûr, vous allez me dire que l'argent n'achète pas le bonheur, l'amour ou encore la santé et c'est vrai. Mais, comment faire quand on doit avancer les factures de médecin alors que l'on a déjà du mal à boucler les fins de mois ? Comment faire quand notre patron nous traite mal et qu'on n'a pas les moyens de l'envoyer paître ? Comment faire pour entretenir la flamme de notre couple quand on est rongé par le stress des fins de mois ou qu'on n'a pas d'argent pour quelques jours de vacances ou pour pratiquer des activités plaisantes seul ou à deux ? Je pourrais continuer comme ça encore longtemps.

Nous sommes dans une société où, pour beaucoup, le riche a forcément tort et où les pauvres ont toujours raison. La vérité est bien plus complexe et c'est ce qu'on verra lorsque nous nous intéresserons aux croyances limitantes. J'aborderai le sujet plus en détail dans les prochaines pages, mais il est difficile d'aider son prochain si on est nous-mêmes en difficultés, et ça, c'est une certitude.

L'argent est révélateur de ce que nous sommes, ni plus, ni moins. Si nous sommes mauvais, nous n'en ferons rien de bon. En revanche, si on a à cœur, comme beaucoup de personnes fortunées sur terre, d'aider des causes humanitaires, des proches et de faire avancer des sujets sociétaux (écologie, conditions de travail, etc.), cela ne tient qu'à nous et j'espère sincèrement que vous serez dans la seconde catégorie.

L'objectif ici consiste à apprendre ce qu'on n'apprend pas à l'école et qui pourtant impacte une grosse partie de notre vie au quotidien. Comme j'imagine que vous ne voulez pas attendre 15 ans avant de voir des résultats, j'ai fait en sorte que ce soit simple et surtout e-ffi-cace comme je le disais un peu plus haut.

Donc, il est hors de question de manger des pommes de terre les 3 dernières semaines du mois. Ce n'est pas ça la vie, enfin sauf si, comme mon grand-père, vous « a-do-rez les patates » !

Si vous voulez défiscaliser dans les îles Caïmans, je suis navrée de vous dire que vous avez été mal orienté vers ce livre et que vous ne trouverez pas les réponses ici. Si vous souhaitez rester passif dans votre canapé et que vous n'avez pas envie de vous en sortir, ce livre n'est pas fait pour vous non plus.

Je vais vous donner les clés d'une gestion financière saine, mais si vous ne vous donnez pas les moyens de les appliquer, je ne pourrai rien faire pour vous, même s'il ne faut jamais sous-estimer le pouvoir d'une petite graine.

Le but n'est pas de tout appliquer, sauf si vous le souhaitez et que vous le pouvez. L'objectif est surtout de faire de votre mieux et petit à petit, marche après marche, vous aurez gravi l'escalier de la sérénité financière avec succès. Le but, c'est donc de progresser et d'arriver à atteindre l'objectif que vous vous êtes fixé. Il sera différent selon chacun et c'est normal.

Les banques, on en parle ? Bien sûr il existe de mauvais banquiers et des situations très difficiles pour certains, mais il y a dans la plupart des cas, des erreurs de gestion. Et c'est bien normal ! Qui nous apprend à gérer nos comptes ? Personne ! Du coup, on tâtonne, on essaie et bien souvent, on laisse tomber, comme si c'était une fatalité. Donc dans un premier temps, on arrête de se flageller, on respire un bon coup et place à la réussite de votre gestion !

Visualisez le pourquoi de cette prise de conscience. Pourquoi voulez-vous améliorer votre situation financière ? Une fois que vous aurez votre pourquoi et les bonnes pratiques, vous pourrez déplacer des montagnes. Il en va ainsi dans tous les domaines de votre vie.

Vous pourrez donc prendre certaines habitudes, puis quand vous serez à l'aise avec celles-ci, rien ne vous empêche de relire les paragraphes concernés et de mettre d'autres astuces en place pour compléter le processus. Mais, surtout, allez au rythme qui vous convient. « Rome ne s'est pas fait en un jour », donc restez bienveillant avec vous-même. Expérimentez et apprenez de vos erreurs pour ne pas recommencer et puis c'est tout.

On dit qu'il faut entre 21 et 90 jours pour acquérir une habitude, donc faites un point sur vos progrès aux 21 jours, puis tous les 3 mois de votre démarche, et félicitez-vous de vos avancées, aussi petites soient-elles. Mais, attention, félicitez-vous ailleurs que dans un restaurant 5 étoiles parce que ce serait forcément contre-productif. Sauf si votre objectif à atteindre est de vous offrir un beau restaurant, mais je ne crois pas que ce soit votre objectif premier. Je me trompe ?

Rien n'est impossible, mais ce ne sera pas forcément simple. J'ai été conseillère clientèle en banque durant 14 ans. Pendant toutes ces années, j'ai vu de multiples situations différentes. J'ai pu observer, analyser comment fonctionne le système bancaire dans les « coulisses », ainsi que la grande diversité d'approches de l'argent par les foyers, des hommes et des femmes comme vous et moi. Il y a autant de façons d'appréhender l'argent que de personnes sur Terre. Par exemple, j'ai vu une dame célibataire payée au Smic, avec 3 enfants, arriver à mettre de l'argent de côté, tous les mois et sans y déroger. Certes, la somme n'était pas importante, mais l'effet de cumul de cette habitude a fait une belle petite somme au fil des années. Sans compter les intérêts débiteurs non payés, et là on est sur des dépenses non nécessaires économisées.

A contrario, j'ai vu un couple avec 2 enfants qui percevaient des revenus d'environ 10 000 € par mois et une épargne confortable, avoir une saisie sur leur compte car ils n'avaient pas payé la cantine de leurs enfants. Peut-être étaient-ils phobiques administratif, qui sait… Ce qui est sûr, c'est que ça leur a coûté une centaine d'euros de frais. Et cela aurait facilement pu être évité, sans compter la gêne occasionnée.

Et puis il y a ceux qui gagnent 10 000 €/mois et en dépensent 12 000… Contrairement à ce qu'on pense, ce ne sont pas forcément ceux qui ont les plus gros revenus, qui sont les plus riches, ou les meilleurs gestionnaires. Là encore, il est temps de faire un peu de ménage dans les réflexions toutes faites qu'on a tous. Héritage de nos parents ou alors on fait une généralité d'une situation bien spécifique et comme par hasard, notre cerveau fait tout son possible pour trouver des preuves à cette fausse croyance. La vérité, c'est que vous méritez d'être riche, heureux et aimé ! Le reste n'est que stratégie et plan d'action.

Tout ça pour vous dire que rien n'est impossible, il faut y croire et ne rien lâcher ! Ne jalousez pas les autres, vous perdez votre énergie. Ça vous empêche d'avancer et de prendre votre vie financière en mains. Rapprochez-vous plutôt des gens que vous jugez avoir réussi, et voyez s'ils sont ouverts pour discuter argent avec vous. Cela viendra vous aider au quotidien en plus des bases complètes de ce manuel.

Vous apprendrez très rapidement et, sans vous en rendre compte, vous serez à même de réaliser vos rêves et vos objectifs. En plus, vous serez à même d'aider les personnes et les projets qui vous tiennent à cœur.

On a tous des situations différentes, des atouts et des marges de progression différentes, donc ne vous jugez pas, faites le constat de votre situation actuelle et agissez au mieux. Vous avez déjà fait le premier pas, en vous procurant ce livre, et c'est le plus difficile. Donc félicitations à vous.

Je crois qu'il est temps que je me présente, comme je vous le disais, je suis une ancienne banquière reconvertie, car la banque est un commerce et, comme tout commerce, il se doit de faire des profits. Ces profits passent par des ventes de produits d'épargne, d'assurance, etc., et les objectifs sont parfois très audacieux si on veut conserver un conseil client éthique à mon sens. Mais je ne peux juger que pour deux établissements en Île-de-France, donc je ne peux pas en faire une généralité non plus.

J'aimais conseiller mes clients, mais hors de question pour moi de vendre n'importe quoi à n'importe qui ! Et surtout, un conseiller est gardien de votre argent si je puis dire, mais en aucun cas, il n'a le droit de conseiller sur tout ce qui est éducation financière. J'étais donc dans le bon domaine, mais pas dans la bonne structure. C'est pour ça qu'aujourd'hui, j'accompagne les personnes dans l'optimisation de leur budget lors de formations et de séances de coaching.

Quoi qu'il en soit, je ne suis pas là pour rendre un jugement sur les banques, mais pour vous aider à y voir plus clair dans ce que certains voient comme une nébuleuse. Pour vous aider à comprendre le système, et surtout pour vous aider à avoir des fins de mois sereines et à réaliser vos projets : habitation, études des enfants, voiture, voyages, etc.

J'ai longtemps pensé à écrire un livre, mais ce qui m'a décidée, c'est une période difficile financièrement. Cela m'a fait prendre les choses à bras-le-corps. Un accident de la vie, une grosse baisse de revenus comme on peut tous en avoir, et des échéances qui sont toujours aussi importantes qu'avant... Eh oui, j'étais en surendettement et pas qu'un peu puisqu'on avoisinait les 75 % avec mon mari. Mais hors de question pour moi de monter un dossier de surendettement, car les projets futurs qu'on avait et qu'on a réalisés aujourd'hui, en auraient été compromis. J'ai donc lancé le plan d'action qu'on pourrait appeler « De la galère au kif », que je partage avec vous ici !

J'ai regroupé les connaissances acquises durant mes 14 ans d'agence bancaire, mon BTS Banque-assurance et j'ai lu, lu et encore lu des livres à foison, j'ai également testé sur le terrain ; j'ai cherché d'autres façons de voir les choses et j'ai trouvé des solutions simples et efficaces à mettre en place. Pour moi dans un premier temps, et pour vous aider vous aujourd'hui. Cela me semble une évidence de partager tout ça avec vous qui êtes en quête d'une meilleure vie financière. Que vous soyez en difficulté, ou que vous sentiez que vous n'optimisez pas vos finances, vous trouverez des solutions !

J'ai testé beaucoup de ces astuces, et je veux vous en faire profiter à votre tour, parce que je sais qu'elles sont efficaces et que vous méritez d'être serein face à votre argent.

Ce livre s'adresse à tous ceux qui désirent apprendre et mettre en place les bonnes bases pour des finances saines.

Que vous soyez jeune adulte, célibataire, en couple, chargé de famille. Que vous soyez en difficulté depuis plusieurs mois ou années, ou juste en fin de mois de temps en temps. Ou encore que vous ayez des prêts consommation ou que vous n'arriviez pas à épargner chaque mois. Vous trouverez des solutions.

Je ne vous promets pas d'être millionnaire en un an. Je vous promets par contre, qu'en appliquant ces conseils, vous verrez rapidement des améliorations et que vous envisagerez votre avenir financier avec sérénité, pour vous, votre entourage et vos rêves et objectifs.

Je vous conseille dès le début de votre lecture de vous munir d'un cahier afin de noter vos chiffres et les dates durant les différentes étapes de ce livre. Conservez vos montants de dépenses à portée de mains, car vous en aurez besoin à différentes étapes.

Avant de commencer, je tiens à vous préciser que les sites Internet, livres ou applications mobiles que je vous conseille, m'ont aidée personnellement ou auraient pu m'aider. Tout ne conviendra pas à tout le monde, utilisez ce qui vous convient le mieux. Donc à vous de tester et de vous faire votre propre avis sur ce qui vous convient.

Consacrez une dizaine de minutes par jour à la lecture de ce livre pour avancer doucement, mais sûrement vers vos objectifs. Si votre quotidien vous permet de lire davantage, je vous conseille de ne pas dépasser un chapitre par jour afin d'assimiler au mieux les différentes notions. Mais surtout, mettez en pratique en même temps que vous avancez dans votre lecture.

Bonne lecture à vous et à très vite sur les réseaux sociaux.

Chapitre 1
L'importance de votre état d'esprit

« Le meilleur moment pour planter un arbre,
c'était il y a 20 ans !
Le deuxième meilleur moment pour planter un arbre,
c'est maintenant ! »

Arrêtez donc de perdre du temps, et agissez maintenant.

Avoir un bon état d'esprit, c'est poser les fondations de tout ce que vous voulez construire dans votre vie. C'est lui qui transforme les obstacles en opportunités et les rêves en projets concrets. Cultivez-le chaque jour, c'est un superpouvoir qui influence sans qu'on s'en rende compte les 65 000 pensées qu'on a par jour en moyenne. Ce qu'on nourrit dans notre tête finit par façonner notre réalité.

Je vais maintenant vous raconter une histoire peu connue, qui fait voyager en Afrique, et qui explique l'importance de l'éducation financière.

L'importance d'avoir le bon état d'esprit et de se former

Une histoire valant mille mots, la voici.

Cette histoire est tirée du livre *La Chèvre de ma mère* de Ricardo Kaniama. Voici donc l'histoire de Ricardo dont le père décède. Le père de Ricardo était un riche fermier africain. Celui-ci avait deux femmes et des enfants de chacune d'elles. L'héritage fut distribué en fonction des lois appliquées dans le village et la répartition s'est faite comme suit.

Toute sa fortune, terre et troupeau, ont été remis à sa famille (son père, sa mère, ses frères et sœurs). Une chèvre a été remise à la mère de Ricardo, sa première épouse, et une autre chèvre à la seconde épouse de son père.

Étant fermier, les enfants avaient l'habitude de manger de la viande, mais au vu de la nouvelle situation, il n'y en avait plus, sauf la seule et unique chèvre laissée en héritage à chacune des deux épouses.

Les deux épouses ont eu deux façons différentes de gérer la situation. La mère de Ricardo refusa de tuer la chèvre pour la manger. Ils se sont donc privés de viande en attendant que cette chèvre fasse des petits. Ce n'est qu'à ce moment qu'ils pourraient manger de la viande. La seconde épouse, quant à elle, a préféré contenter tout de suite sa famille et a tué la chèvre pour manger de la viande. Mais ensuite, ils n'eurent plus aucune solution pour manger de la viande.

La chèvre dans cette histoire est l'équivalent des efforts que vous allez faire pour vous constituer votre épargne, et de ce que vous pouvez en faire. Le choix étant, soit de vous constituer une épargne et de la faire fructifier, et une fois à l'aise, vous pourrez profiter des gains de ces investissements pour les « achats plaisir » ; soit tout dépenser au fur et à mesure et prendre le risque d'être contraint et forcé de vous restreindre pendant longtemps.

Ici, le thème est le même que celui de la fable de Jean de La Fontaine dans « La Poule aux œufs d'or ». Vous vous en souvenez ?

La preuve en est que dans toutes les cultures, l'argent est au cœur de la vie. Il n'y a qu'une seule solution pour éviter ce genre de faux pas ! Une seule et unique solution : formez-vous à l'argent ! Et bonne nouvelle, c'est ce que vous êtes en train de faire avec ce livre !

Après ces deux contes, venons-en à vous avec ce point de réflexion sûrement un peu philosophique, mais non dénué d'intérêt.

Pour vous, c'est quoi quelqu'un de riche ?

Ne comptez pas sur moi pour vous donner la réponse, nous avons chacun notre vision de la chose. Mais il est intéressant que vous connaissiez votre propre réponse à ce jour. Votre réponse sera certainement différente par la suite, car c'est une notion évolutive si on la travaille.

Pour vous, être riche c'est : gagner 1 500 €/mois ? Gagner 3 000 €/mois ? Gagner 10 000 €/mois ? Ne plus avoir à travailler de sa vie ? Être propriétaire de son logement ? Avoir un ou des logements en location ? Avoir 20 000 € en épargne ? Ou 1 000 000 € ? Ou peut-être tout autre chose ?

Notez dans votre cahier votre définition de quelqu'un de « riche ». Il n'y a pas de mauvaise réponse tant que c'est votre vérité à vous.

Avez-vous des croyances limitantes ? Oh que oui, on en a tous ! Et moi aussi ! Je travaille sur celles que j'ai identifiées et quand j'en trouverai d'autres, je les travaillerai aussi. C'est complètement normal.

Tout d'abord, qu'est-ce qu'une croyance limitante ? Une croyance limitante est une pensée plus ou moins consciente qui nous empêche d'avancer dans nos raisonnements et par le fait, dans nos actions. Pas de panique, on en a tous. Le tout est d'en être conscient pour leur mettre un coup de pied aux fesses et les sortir de notre vie une bonne fois pour toutes !

Un exemple vaut mille mots, alors voilà : selon vous, si on répète à un enfant depuis qu'il est tout bébé « tu es un imbécile, tu es imbécile, tu es un imbécile », pensez-vous qu'il sera facile pour lui de se sentir intelligent dans sa vie d'adulte ? Pourtant cela ne veut pas dire que cet enfant est réellement limité. Simplement, son inconscient l'aura tellement entendu qu'il en sera persuadé sans se poser de question et jugera ce fait comme une vérité absolue. Comme pour lui c'est une vérité, son inconscient va lui prouver qu'il a raison en le faisant agir de manière maladroite ou peu réfléchie par exemple, et il paraîtra limité. Et c'est parti pour le cercle vicieux.

Nous avons tous des croyances limitantes. Elles viennent de partout, que ce soit de notre entourage familial, amical, professionnel ou même des médias. Même si ces personnes ne nous veulent pas de mal, ce sont leurs propres croyances limitantes et ils pensent œuvrer pour votre bien, la plupart du temps. Concernant la majorité de ces croyances, elles sont même transmises de manière complètement inconsciente. Mais il n'en reste pas moins des freins à vos objectifs définis par votre conscient.

Je ne vais pas vous ennuyer avec un cours magistral sur la métaphysique, les neurosciences ou la psychogénéalogie, mais ça me semblait important d'aborder succinctement le processus. Donc pensez-y, plus vous arriverez à vous connaître vous-même sans ces parasites de pseudo-vérités, plus toute votre vie sera simple. Je ne vous cache pas que ça n'arrive pas du jour au lendemain, mais ça se travaille au fur et à mesure.

Dans le cas qui nous concerne, les croyances limitantes pouvant vous empêcher d'atteindre vos buts pourraient être :

- Les riches sont tous des pourris !
- Les riches sont des voleurs !
- Les riches exploitent les travailleurs honnêtes !
- Je déteste les riches !
- L'argent, c'est mal !
- Je ne mérite pas de gagner plus de X €/mois !
- Je ne mérite pas d'être à l'aise financièrement !
- Je n'y arriverai jamais !
- J'ai besoin de tous ses objets que j'achète, ils font partie de moi !
- J'ai besoin de dépenser ! Grâce à ces achats, je me sens exister !
- Plus j'ai de biens de luxe, plus j'ai de la valeur en tant que personne !
- Il faut travailler beaucoup trop dur pour être riche !
- Ça ne sert à rien de gagner plus, les impôts vont tout me prendre !
- L'argent n'apporte que des problèmes !
- Si j'ai de l'argent, on va me le voler !
- L'argent pourrit les relations ! Etc.

Tant que vous aurez ce genre de leitmotiv en tête, ce sera très compliqué pour vous d'être serein financièrement. Tout simplement parce que votre cerveau vous donnera raison quoi que vous pensiez, donc autant que ce soit positif pour vous.

Par exemple, celui qui se dit « je n'y arriverai jamais » ou « je ne le mérite pas », aura tendance à accepter des choses inacceptables car il n'a pas confiance en lui. De plus, si son conseiller bancaire est un ours mal léché, voire incompétent, voire les deux, il laissera faire au lieu de demander à changer de conseiller, d'agence ou d'enseigne bancaire. Si cette personne ne se prend pas en mains sur la partie psychologique *et* sur la partie financière, il vivra des moments difficiles et tardera à voir sa situation s'améliorer.

Donc dès que vous avez ce genre de phrases d'autosabotage ci-dessus, c'est comme si vous disiez à votre cerveau que vous voulez devenir quelqu'un que vous détestez… et/ou que vous ne pouvez pas imaginer être.

Prenons un exemple : les riches sont tous des pourris > Je veux devenir riche ou être plus confortable financièrement > donc je veux devenir un pourri > le cerveau bug et vous empêche d'être ce que vos valeurs jugent inacceptables.

Si vous avez ce genre de pensées, comme beaucoup soit dit en passant, trouvez des contre-vérités. Par exemple, le fait d'améliorer votre situation financière permet de prendre soin de ceux que vous aimez et de leur faire plaisir. Mais il permet aussi de faire des dons à des associations qui vous tiennent à cœur. Ce qui est très difficile, voire impossible, voire dangereux financièrement quand les fins de mois sont difficiles.

Bien évidemment, être riche n'est pas un gage d'honnêteté, mais ce n'est pas non plus le gage de malhonnêteté.

Tout comme être pauvre n'est pas un gage d'honnêteté, ni le gage de malhonnêteté.

L'argent n'est qu'un moyen qui vous permet de faire ce que vous voulez en faire. Si vous êtes malhonnête, vous l'utiliserez dans ce sens. Alors que si vous êtes honnête, vous l'utiliserez dans un sens positif.

L'argent ne fait que ce qu'on lui dit de faire ! L'argent en lui-même n'a rien de mal ! L'argent ne juge pas, l'argent ne fait pas de discrimination d'aucune sorte, que vous soyez gros, petit, grand, maigre, en fauteuil roulant, il existe toujours des solutions pour gagner de l'argent.

Certaines personnes de renom en sont la preuve :

- Ray Charles aveugle, et chanteur réputé ;
- Stephen Hawking paralysé, et physicien théoricien ;
- Andrea Bocelli aveugle, et chanteur ;
- Grand Corps Malade paralysé totalement à ses 20 ans, et chanteur ;
- Mimie Mathy atteinte d'achondroplasie, et comédienne ;
- Jamel Debbouze paralysé d'un bras, et humoriste ;
- Leonardo DiCaprio et Jessica Alba porteurs de TOC, et comédiens ; etc.

Ces personnes sont en situation de handicap, et pourtant elles ont su gagner de grosses sommes d'argent.

Je pourrais également vous parler de ces personnes pauvres étant enfants et qui font partie des plus riches de la planète à ce jour :

- Jan Koum : cofondateur de WhatsApp : fortune estimée à 9,1 milliards de dollars ;

- François Pinault : magnat des produits de luxe : 32,7 milliards de dollars ;
- Roman Abramovitch : entre autres, propriétaire du club de football de Chelsea : 11,5 milliards de dollars ;
- Jeff Bezos : cofondateur d'Amazon : 72 milliards de dollars. D'ailleurs, Amazon a été créé avec 100 $ empruntés à un ami…

Quand on sait que 85 % des plus grandes richesses du monde se sont faites seules. Seules 15 % des grosses fortunes le doivent à un héritage familial. Ils ont su se dépasser ! Dépasser ce que les autres ont vu en eux. Ils ont cru en eux, afin de faire ce qu'ils aiment et de trouver des solutions qui leur sont adaptées. Ils se sont investis et ont su reconnaître les opportunités.

Donc ayez le courage de vos objectifs, de vos rêves, soyez engagés, et agissez pour tendre vers vos objectifs. Un pas après l'autre et avec bienveillance. Éduquez-vous à l'argent.

Avoir une intelligence financière est important car sinon, vous aurez beau gagner le plus gros salaire du monde, vous serez toujours dans l'embarras. Vous vous souvenez, les personnes dont je vous parlais précédemment qui gagnaient 10 000 €/mois et en dépensaient 12 000…

Ou bien encore, les gagnants du Loto, ou des footballeurs, acteurs ou chanteurs, qui ont eu leurs heures de gloire ? Ceux pour qui les rentrées d'argent devaient être suffisantes pour ne plus avoir à travailler de leur vie et qui, finalement, se retrouvent avec des dettes jusqu'au cou ? Certains gagnants du Loto par exemple ont perdu l'intégralité des sommes gagnées, parfois astronomiques : 315 millions de dollars perdus par son gagnant, en dilapidant et en se faisant escroquer, 10 millions de dollars dépensés en 7 ans, etc.

Il y a plusieurs dizaines de cas comme ceux-là recensés. Pour pallier cela, la Française des Jeux a même dû mettre en place des psychologues et des formations de gestion d'argent pour les gagnants tellement ces cas étaient fréquents.

Il y a plusieurs raisons à ces retournements de situations et ce qui est valable pour les gagnants du Loto, l'est tout autant au quotidien pour vous et moi. La première est que l'argent est beaucoup plus facile à dépenser qu'à gagner. Certaines sommes font perdre tout sens des réalités. Finalement, à coup d'énormes villas, de voitures de luxe et de soirées mondaines, tout s'envole.

De plus, lorsque vous n'êtes pas formé à la gestion de l'argent, vous avez vite fait de tomber sur des vendeurs, courtiers, comptables, etc., peu scrupuleux, ou juste incompétents… En effet, il est difficile de faire la différence quand on n'a pas l'habitude…

Sans bonne formation à l'argent, il est difficile de juger d'une bonne opportunité, d'une arnaque, ou tout simplement d'un mauvais placement.

L'importance de bien s'entourer

Je ne parle pas d'avoir un entourage riche, mais d'avoir un entourage qui sera majoritairement comme la personne que vous souhaitez devenir financièrement ou *a minima*, dans une démarche de changements positifs financièrement.

Vous serez peut-être critiqué par ceux de votre entourage qui ne comprendront pas votre démarche. La question est : ont-ils réussi là où vous souhaitez réussir ? Si oui, on écoute avec réflexion. Si non, on passe son chemin (avec politesse ou pas, ce sera à vous de voir). Vous verrez que ça vaut pour tous les domaines de votre vie.

« Vous êtes la moyenne des cinq personnes que vous fréquentez le plus souvent », selon Jim Rohn (entrepreneur, écrivain et coach en développement personnel).

Partant de ce constat, passez votre entourage proche en revue. Alors est-ce que parmi vos amis, votre famille, vos collègues, vous retrouvez les mêmes difficultés ? Les mêmes aspirations ?

Cela s'explique tout simplement par le fait que lorsqu'on fréquente régulièrement quelqu'un, on s'influence un minimum les uns les autres. Que ce soit sur des réflexions, des idéaux, des objectifs, des façons de parler. On échange sur nos problèmes, nos questions, et on ne peut pas trouver les bonnes solutions auprès de personnes qui n'ont pas su résoudre les problèmes qui nous occupent.

Je ne suis pas en train de vous dire qu'il faut mettre au placard vos amis et votre famille qui galèrent ou qui sont selon vous au même niveau que vous. Mais simplement d'élargir vos horizons en côtoyant d'autres personnes qui ont réussi dans le domaine que vous souhaitez. Que ce soit des personnes physiques, un groupe d'entrepreneurs, un groupe de réseaux sociaux, etc.

Votre cerveau s'adapte également à vos revenus

Vous avez déjà remarqué que votre cerveau s'adapte très bien à une augmentation de salaire ? Oui, je sais bien, dans ce sens-là c'est plus sympa.

Quand on est dans ce cas, on a tendance à augmenter les petites dépenses pour des babioles, et puis on veut une maison plus grande, une voiture plus grande et plus récente, et on se retrouve à avoir autant, voire moins, d'argent disponible qu'avant. Les fins de mois sont identiques ou plus difficiles qu'avant malgré l'augmentation. Tout simplement parce qu'on fait moins attention.

Il y a deux raisons à cela. On est pris par l'euphorie de cette bonne nouvelle et les dépenses augmentent. Mais également parce qu'on se rend difficilement compte que ces nouvelles dépenses engendrent d'autres dépenses.

Eh oui, exemple bateau, lorsque vous achetez un nouveau téléphone portable, il vous faut une nouvelle coque de protection, et puis une protection pour l'écran, etc. Quand vous achetez une plus grosse voiture, le plein de carburant vous coûtera sûrement plus cher, et l'entretien courant également. Et c'est applicable à beaucoup de choses que l'on peut acheter. Bref, il ne faut pas considérer uniquement le coût d'achat, mais également le coût d'entretien/d'utilisation.

Une fois ce schéma compris, il est aisé de comprendre le raisonnement inverse. Le cerveau s'adapte aussi lorsqu'il y a une baisse de revenu. C'est plus compliqué, mais il s'adapte.

Partant de ce constat, le but est de vivre en dessous de ses moyens et d'épargner la différence afin de ne pas être frustré, et surtout pour pallier les coups du sort.

Donc lorsque vous avez une augmentation de salaire, faites-vous plaisir en définissant un montant précis, et programmez un virement permanent du montant de votre augmentation pour la suite. Vous pouvez également vous fixer un pourcentage pour « mettre du beurre dans les épinards » comme on dit, et le reste sur votre épargne chaque mois.

Ainsi vous trouverez cette somme disponible pour des choses vraiment importantes à vos yeux.

Ne dépensez jamais au grand jamais l'argent qui va arriver

Souvent on entend des personnes dire « j'ai acheté ceci ou cela car j'attends une rentrée d'argent ». Elles dépensent cette somme, et finalement, la somme arrive 3 mois plus tard que prévu, ou la somme est moins importante que prévu. Et là, c'est la catastrophe... On fait un prêt, on jongle avec l'autorisation de découvert... on se dit qu'on remboursera plus tard, on oublie de le faire, et les « galères » peuvent vite s'accumuler.

Lorsque vous attendez une rentrée d'argent exceptionnelle, la seule bonne pratique est :

1. d'attendre sagement qu'elle soit réellement sur votre compte ;
2. de prendre 5 % à 10 % de la somme pour vous faire plaisir ;
3. et de placer le restant en vue de vous constituer une épargne de précaution (en prévision des dépenses annuelles prévues et imprévues), de rembourser vos prêts consommation, ou encore de faire des investissements qui vous rapporteront de l'argent même quand vous dormirez. Oui je sais, ça fait rêver, mais c'est réellement possible, croyez-moi.

De manière générale, quand vous hésitez entre deux options (tel ou tel appartement à louer, par exemple, ou tout autre choix financier), posez tous les chiffres noir sur blanc.

Il n'y a rien de honteux, et vous serez sûr de votre choix. Donc on prend un papier, une feuille Excel ou peu importe, et on pose toutes les dépenses.

Si on prend l'exemple de l'appartement, ça pourrait donner ceci :

Option A :	Option B :
Loyer : 680 €	Loyer : 550 €
Électricité/gaz : 135 €	Électricité/gaz : 280 €
Assurance : 25 €	Assurance : 32 €
Etc.	Etc.
TOTAL : 840 €	TOTAL : 862 €

Si on s'était fié uniquement aux prix des loyers, on aurait choisi l'option B comme option la plus économique. Mais en calculant toutes les dépenses, on se rend compte que finalement c'est l'option A qui fait économiser 22 €/mois.

Si on considère que l'on change en moyenne de logement tous les 5 ans, ça représente une économie de 1 320 €. Peut-être que ce n'est pas une grosse somme sur cinq ans, mais si on sait gérer son budget, ça va venir se rajouter au reste des autres économies et de leurs intérêts.

Dès que vous avez des choix financiers à faire, faites votre petit calcul et décidez avec certitude du meilleur choix pour vous.

N'ayez pas peur de paraître ignorant !

Nous sommes tous ignorants dans plein de domaines, donc on décomplexe et on ose poser les questions. Tout le monde, je dis bien tout le monde, avant d'être connaisseur, a été ignorant. Même le plus grand des génies.

Ne faites pas des choses que vous ne comprenez pas. Si on vous propose des solutions de placements trop beaux pour être vrais, ou que le système n'est pas clair pour vous, demandez à votre conseiller de vous réexpliquer. Si au bout de quelque temps, ce n'est toujours pas clair pour vous, renseignez-vous de votre côté, ou passez à autre chose.

La raison est simple, si ce n'est pas clair pour vous, ce sera difficile pour vous d'agir de la bonne manière quand votre placement nécessitera une intervention de votre part.

Arrêtez de penser que vous pouvez aider tout le monde !

Souvent les gens donnent leur argent et en manquent eux-mêmes pour terminer le mois. Je ne dis pas de ne pas donner à ceux qui sont dans le besoin. Mais en avez-vous les moyens à ce jour ?

Tant que vous êtes dans une démarche de « redressage » de compte bancaire et de création d'épargne, stoppez les dons, ou réduisez-les en fonction de votre situation.

À la place, vous pouvez offrir votre temps. Toutes les associations caritatives ont besoin de fonds, mais elles ont aussi besoin de bénévoles pour aider les autres, les animaux, peu importe la cause chère à vos yeux. Pas besoin d'y aller tous les week-ends, faites en fonction de votre planning, et voyez avec l'association quels sont leurs vrais besoins.

Vous pouvez donner votre sang par exemple. En France, les malades ont besoin de 10 000 dons de sang par jour, et ces chiffres ont tendance à augmenter. Chaque année les dons de sang soignent 1 million de malades. Donc oui, soyez généreux et donnez. Il y a mille et une manières d'aider son prochain.

Quand les finances seront au beau fixe, là vous pourrez faire des dons plus importants et ça, en étant sûr de ne pas grossir la liste des bénéficiaires de ces associations. C'est gagnant-gagnant pour tout le monde.

Tenez vos résolutions

Afin d'aller jusqu'au bout de votre objectif, prenez de bonnes résolutions.

Mais comme on le sait, à chaque 31 décembre, les bonnes résolutions sont difficiles à tenir, donc voici quelques astuces pour vous aider à transformer votre vie financière.

Prenez un engagement envers vous-même et pour cela, plusieurs solutions.

Vous pouvez vous **écrire une lettre solennelle** avec votre objectif et le pourquoi de votre démarche. Puis écrivez comment vous vous sentirez une fois votre objectif atteint. Fermez les yeux et imaginez-vous dans 5 ans par exemple. Complètement serein. Comment vous voyez-vous quand vous aurez redressé vos comptes ? Qu'est-ce que ça va changer ? Est-ce que vous vous voyez aux Bahamas sur une plage de sable chaud à boire un cocktail ? Ou vous voyez-vous à la remise de diplôme de vos enfants ? Qu'est-ce qui vous parle ? Quel est votre objectif ?

Cela peut être par exemple :

Je soussigné Éric Dupond, déclare solennellement me fixer comme objectif de payer les meilleures études à mes enfants.

De tout mettre en œuvre pour avoir réuni la somme de X € pour le 01/09/2029 le jour de leur 18e anniversaire.

Une fois accompli, je me sentirai fier d'avoir participé à l'avenir et l'épanouissement de mes enfants.
Et j'aurai accompli mon rôle de père.

Une fois écrit, fermez les yeux et visualisez votre réussite. Ressentez la fierté et le sentiment d'accomplissement que vous aurez à ce moment-là.

Ce n'est qu'un exemple, écrivez avec vos mots, vos objectifs et ce que vous ressentirez.

Vous pouvez également prendre un engagement auprès de la personne en qui vous avez le plus confiance (et surtout qui ne vous jalousera pas).

Vous avez 75 % de chance de tenir vos engagements lorsque vous vous engagez auprès de quelqu'un de proche. La particularité de l'argent, c'est que c'est encore tabou en France, et qu'en fonction de votre entourage, ça peut créer des jalousies. Je vous recommande fortement de bien réfléchir à qui vous le dites.

Ensuite, faites en sorte d'avoir des « **rappels** » **ou points d'ancrage**. Qu'est-ce qu'un point d'ancrage ? Le but est de penser à votre projet régulièrement et tous les jours. Peu importe la forme que cela prendra.

Ça peut être une partie de votre main que vous rattacherez mentalement à votre objectif. Par exemple, si vous décidez que votre pouce droit est votre projet, dès que vous vous toucherez le pouce ou que vous verrez votre pouce, vous aurez une pensée pour votre engagement. C'est peut-être curieux mais cela fonctionne.

Vous pouvez également avoir une représentation de votre rêve et la positionner bien en vue dans votre salon, sur les meubles hauts de votre cuisine ou encore sur le miroir de votre salle de bains. Ou bien les trois à la fois. Ou partout où vous jugerez utile pour vous. Par exemple, si votre objectif est de vous offrir un voilier, et que vous avez la carte bleue facile pour des babioles, vous pouvez avoir une image ou une photo du voilier que vous envisagez, glissée tout près de votre carte bleue.

Lorsque vous serez tenté(e) de faire des achats compulsifs, vous visualiserez votre projet, et remettrez beaucoup plus facilement en cause le bien-fondé de votre achat compulsif.

Pensez également à votre fond d'écran sur votre ordinateur, ou votre téléphone portable. Ça ne fonctionne pas tout seul, mais ça vous aidera grandement.

Ce ne sont que des exemples, laissez libre cours à votre imagination et votre inconscient fera 50 % du chemin, si ce n'est pas 80 %.

La méthode Coué a également pleinement fait ses preuves

Mettez en place un rituel avec une petite phrase d'encouragement et votre objectif, à répéter tous les matins devant votre miroir par exemple.

Tout comme pour lever les croyances limitantes, ce rituel va agir au fur et à mesure des jours sur votre inconscient afin de mobiliser votre attention sur votre objectif, mais également vous donner confiance en vous.

Pour créer votre phrase, il faut qu'elle soit simple et positive. L'inconscient n'entend pas les négations, donc oubliez les « je ne serai jamais plus en manque d'argent » et remplacez cette phrase par « je mets tout en place pour pouvoir m'offrir ma maison de X mètres carrés dans X années ou X mois, et j'y arriverai ! »

Plan d'action à toujours garder en tête

Pour plus de clarté, voilà le plan d'action à toujours avoir en tête pour des finances saines :

1. Définir vos objectifs prioritaires et secondaires :
   - remboursement de vos dettes ;
   - indépendance financière ;
   - préparer votre retraite ;
   - financer les études des enfants ;
   - achat de votre logement ;
   - achat de biens locatifs ;
   - voyages, etc.
2. Faire un état des lieux de la situation actuelle.
3. Définir une date de réalisation. Il faut que cette date soit réaliste.
4. Définir un plan d'action.
5. Mettre en place son plan d'action.
6. Continuer malgré les erreurs. Soyez indulgents avec vous-même, analysez pourquoi il y a eu un dérapage, recadrez et persévérez avec détermination et bienveillance.

Gardez ces pense-bêtes proches de vous, ils vous aideront dans votre quête de bien-être financier. Au début, vous les regarderez de temps en temps et avec l'habitude, vous les appliquerez sans vous en apercevoir, et c'est l'objectif.

Ce livre va vous aider à assainir vos finances personnelles, afin que vous puissiez vous aussi faire les bons choix et réaliser vos rêves.

Ai-je vraiment besoin de faire cet achat ?

Je commencerai cette partie par la citation de trois philosophes bien connus : « Tout bien que tu détiens, est un bien qui te retient », Les Inconnus.

Bon, bien évidemment, ce ne sont pas des philosophes, mais des humoristes, mais je trouve cette phrase tellement juste quand on y réfléchit.

Ça me rappelle un client dont je tairai bien évidemment le nom. Il vient me voir un samedi matin avec un grand sourire, tellement fier de sa belle voiture de luxe rutilante. Et il me dit qu'il souhaitait faire un déblocage de sa réserve d'argent. Vous savez le crédit à un taux tout aussi hors de prix que sa voiture, et devinez pourquoi ? Parce qu'il avait besoin de faire changer ses pneus... En tant que salariée bancaire, rien ne m'en empêchait, mais en tant qu'humain connaissant le sujet, « ouille ouille ouille » ! Ce monsieur a mis grandement sa sécurité financière en danger en s'offrant ce petit bolide alors qu'il n'en avait visiblement pas encore les moyens. Peut-être suffisamment pour l'acheter, mais visiblement pas suffisamment pour l'entretenir.

Je n'ai pas eu de nouvelle par la suite, mais il y a fort à parier qu'il a dû se séparer de son précieux trésor à court ou moyen terme pour couvrir rapidement d'autres dépenses vitales… ou que son bolide dépérisse dans un garage faute d'entretien. J'espère sincèrement pour lui que je me trompe…

Dès que vous achetez une voiture, ça engendre des frais avec les révisions, les pneus, etc.

Si vous prenez un animal de compagnie, ça engendre des frais : les croquettes, le vétérinaire, etc. Donc pensez bien à toutes les conséquences de vos achats, avant de passer en caisse. Dans ces cas-là bien souvent, le coup de cœur est très mauvais conseiller.

Par contre, pour ceux qui connaissent le sketch des Inconnus cité plus haut, ne donnez pas ce que vous économisez à Skippy, ce serait contre-productif pour vous. Je plaisantais, mais c'est dit.

Bon, trêve de plaisanterie, aujourd'hui, nous vivons dans une société de consommation où il faut courir après le dernier produit à la mode, on court après le temps, il faut décider de tout, très vite. Décider avant que la promotion sur les sèche-linge ne s'arrête ; ou alors il faudrait avoir la télévision la plus grande avec la meilleure définition possible, la plus grosse voiture, la plus neuve, etc.

Les promotions ne riment pas toujours avec économies

Le hic, c'est que c'est dans la précipitation qu'on fait des bêtises. Et bien souvent quand c'est en promo, on n'achète que des choses qu'on regrette ou qui sont inutiles. Au lieu d'avoir fait des économies ou plutôt des non-dépenses, on a dépensé avec une fausse satisfaction.

Vous est-il déjà arrivé de baver devant un objet en vitrine, à tel point que peu importe le prix exorbitant, il vous le faut, et vous devrez assumer après en vous privant les prochains jours, mois, ou encore années... Ou de rentrer dans une boutique pour un objet bien précis, et de sortir avec les sacs en mode « Pretty Woman » ? Ou encore d'acheter des objets dont vous n'avez finalement pas l'utilité, ou qui ne vous plaisent plus au bout de quelques semaines, et finissent seuls, abandonnés au fond d'un placard qui déborde ? Ou pire encore, qui resteront à jamais dans le placard avec les étiquettes... séquence émotion pour ces pauvres vêtements qui ne seront jamais portés.

Et tout ça pourquoi ? Une envie passagère ? Une envie compulsive pour compenser un petit coup de « blues » ? Pour faire comme tout le monde ? Pour gonfler son ego ou encore parce que vous avez été matraqué par de la pub à un tel point que vous ne savez plus si c'est vous qui souhaitez vraiment cet objet ou si c'est la pub qui vous a hypnotisé ? Le pire c'est que tout se passe dans notre inconscient, donc déprogrammons tout ça.

Faites l'exercice suivant en notant sur une feuille les objets achetés ce dernier mois et cette dernière année, que vous n'utilisez déjà plus ou qui ne vous font plus plaisir. Estimez le prix à côté et faites-en le total. Ce montant est le chiffre que vous pourriez avoir mis sur votre épargne, ou que vous auriez pu utiliser pour des choses à plus grande valeur de satisfaction pour vous.

Pour bien dépenser votre agent, suivez ces quelques idées afin de résister aux tentations. Attendre d'avoir économisé pour se l'acheter : ce délai vous permettra de ne pas faire de prêt, ça vous laissera également le temps de réflexion nécessaire au bien-fondé de cette dépense, et le prix aura peut-être, voire sûrement, baissé d'ici là.

Faites la différence entre désir et besoins, et achetez, ou non, en connaissance de cause

Pas de prêt sauf pour de l'immobilier ou de l'actif (achat qui rapporte de l'argent comme l'achat d'un parking pour mettre en location par exemple). L'exception à cette règle est de faire un prêt si vous avez la somme sur votre épargne et que vous voulez préserver cette épargne.

Faire son budget, et le respecter. Au début il y aura sûrement des petits loupés, mais avec le temps ça deviendra complètement naturel.

Payez en espèces et laissez la carte bancaire à la maison. Quand vous payez en espèces, il est impossible de dépasser le budget que vous aviez prévu pour votre achat. De plus, on se rend plus facilement compte de ce qu'on dépense.

Posez-vous la question de savoir si vous avez les moyens de vous payer du luxe ? Qu'est-ce que le luxe ? Le luxe, c'est tout ce qui est coûteux et superflu. Partez du principe que si vous avez besoin de faire un prêt ou paiement en plusieurs fois sans frais sans avoir cette somme disponible sur votre épargne, c'est que vous n'en avez pas les moyens… Donc économisez, ou alors ça reste au magasin.

Achetez de la qualité, car vous ferez des économies en n'ayant pas à racheter la même chose toutes les 2 minutes.

Attention toutefois, il y a de la qualité à tous les prix, et on n'a pas besoin de qualité pour tout ce qu'on achète.

Arrêtez de regarder les publicités. Même si on pense ne pas être influençable, on l'est forcément un minimum donc on limite les pubs au maximum. Coupez le son de votre téléviseur, par exemple le temps de reprendre votre programme.

Attendez le mois suivant ou la semaine d'après pour éviter les achats compulsifs qui ne vous procureront plus aucun plaisir après seulement quelques jours. Si vous pensez toujours à votre objet dans un mois, vous déciderez si vous considérez que vous le souhaitez réellement.

Regardez si vous pouvez acheter d'occasion. On peut parfois même trouver des occasions dans leur emballage ou avec l'étiquette.

Vous avez des recycleries, brocantes, vide-greniers, ou friperies, et bien évidemment Vinted, le Bon Coin, etc. Le marché de l'occasion a vraiment le vent en poupe, mais attention à ne pas acheter plus que nécessaire, sinon la tendance est contre-productive.

Vous pouvez peut-être louer l'objet dont vous avez besoin, ou encore l'emprunter à un voisin ou un ami. Vous trouverez des sites ou applications afin de faire des échanges (ex. : emprunter le taille-haie de son voisin et en échange, vous lui prêterez votre tondeuse…)

Ne pas acheter uniquement parce que c'est une bonne affaire

Connaissez-vous la méthode bisou, tirée du livre *J'arrête de surconsommer*, de Marie Lefèvre et Herveline Verbeken :

- B : pour « Besoin ». Est-ce que j'ai besoin de cet achat ?

- I : pour « Immédiat ». Est-ce que j'ai besoin de cet achat immédiatement ?
- S : pour « Semblable ». Est-ce que j'ai déjà quelque chose de semblable à la maison ?
- O : pour « Origine ». D'où provient ce bien ? Si je suis sensible à la provenance de mes achats.
- U : pour « Utile ». Est-ce que ça va m'être utile ou est-ce que ça va finir par encombrer mes placards ?

Avant de faire un achat, convertissez-le en temps de travail

Prenons l'exemple du téléphone à 1 200 € : si vous gagnez 1 200 €/mois, il vous faudra 1 mois de travail complet pour vous payer ce téléphone. C'est-à-dire 140 heures de travail. Vous êtes prêt à travailler 140 heures pour un téléphone ? Ou convertissez votre éventuel achat, en objectif : si votre objectif est un voyage à 4 800 €, ça représente ¼ de votre voyage.

Le téléphone vous tente toujours ? Ou le plus important c'est votre voyage ? C'est valable quel que soit votre objectif et quel que soit le montant de la dépense. Pour rappel, glisser une petite photo de la représentation de votre objectif à côté de la carte bleue dans le portefeuille est très efficace pour éviter quelques achats compulsifs.

Certains achats inutiles vont de pair avec les addictions et sont à réduire ou à stopper. Pour cela, des solutions et des associations spécialisées existent pour vous accompagner si vous en ressentez le besoin. Le but étant de ne plus acheter de manière compulsive des objets qui finiront par faire déborder vos placards, et ainsi de pouvoir acheter des choses vraiment utiles, ou qui vous feront vraiment plaisir, ou de meilleure qualité et qui dureront plus longtemps. Vous pouvez vous référer au chapitre sur le minimalisme pour approfondir le sujet.

Pour certains achats, il faut réfléchir à l'utilisation que l'on va faire, afin de savoir quel budget on est prêt à mettre pour l'acheter. Est-ce que vous allez mettre le même prix dans une cafetière que vous allez utiliser trois fois par jour, ou dans une cafetière que vous ne sortirez que deux fois par an ?

Dépensons de manière réfléchie, arrêtons d'agir par habitude deux minutes et réfléchissons au prix réel des choses.

Deux aspects sont à envisager :

- Est-ce que j'ai l'argent pour me permettre cet achat ?
- Est-ce que le tarif proposé est juste ?

Le but n'étant pas de vous priver jusqu'à la fin de votre vie, mais de renoncer ponctuellement à certains plaisirs afin d'atteindre vos objectifs.

Faire les choses en temps et en heure

Il y a des petits soucis que l'on peut mettre sous le tapis pour les oublier et qui n'auront aucune conséquence. Ce n'est pas le cas pour les factures, les amendes, ni même pour les problèmes d'argent.

Non, ce n'est agréable pour personne, mais la façon de les rendre le moins désagréable, c'est de s'en occuper « en temps et en heure ». Par exemple, vous vous êtes garé sans payer le parcmètre, vous n'avez pas vu l'horodateur, ou vous étiez très pressé, ou vous n'aviez pas de pièces. Peu importe le pourquoi, mais vous avez eu une amende de stationnement. Oui, « pas cool ». Vous la payez, et on n'en parle plus. Par contre, si vous ruminez, ou que vous l'oubliez dans un coin, combien va-t-elle vous coûter une fois que le Trésor public se rappellera à votre bon souvenir avec une amende majorée ? Ou pire, une saisie sur le compte ou sur votre salaire ? Si toutefois l'amende n'est pas justifiée, faites les recours nécessaires, mais agissez rapidement. Eh oui, et c'est exactement le même principe pour toutes les factures.

Ça l'est d'autant plus si vous commencez à perdre le contrôle de vos finances, c'est le cercle vicieux dont il faut sortir au plus vite :

Tout ça pour dire qu'il faut faire les choses dans les temps. Que ce soit, faire ses comptes régulièrement, adapter ses dépenses à son budget, gérer son administratif, et demander de l'aide aux bonnes personnes quand vous en avez besoin.

La liste suivante va vous aider à faire votre check-list et ne rien oublier :

- **Payez vos factures dans les temps** : eh oui, comme on vient de le voir, plus on attend pour payer une facture, plus elle grimpe. Pénalités, majoration, procédures d'huissier, saisie, etc. Je vous promets que mis bout à bout, si on n'est pas rigoureux, ça chiffre très très vite. D'autant plus que ça pèse sur votre charge mentale des « tout ce que j'ai à faire... je suis débordé(e) ».
- **Mettez en concurrence** chaque année, ou tous les 2 ans, vos assurances voitures, assurances habitation, téléphone, Internet, etc., et effectuez les démarches les plus avantageuses pour vous.
- **Résiliez les abonnements** dont vous ne vous servez pas, par exemple, votre abonnement à la salle de sport. Si vous y allez et que ça vous fait du bien, pas question de résilier (sauf si vous n'avez plus de quoi manger en fin de mois). Par contre si vous êtes abonné et n'y allez plus depuis plusieurs mois, soit vous y retournez, soit vous résiliez. Ça peut également être une assurance dont vous ne savez pas à quoi elle sert. Demandez à votre banquier/assureur à quoi ça correspond, et si vous avez vu l'utilité de cette assurance lors de la souscription, ce n'est peut-être plus le cas aujourd'hui, donc on résilie. Si cette assurance a une date anniversaire pour la résiliation, envoyez le courrier recommandé immédiatement avec une relance sur votre agenda pour vérifier que ça a bien été fait. Sinon, programmez l'action dans votre agenda. Attention, bien des assurances demandent que vous les informiez de la résiliation deux mois avant la date anniversaire. Et si vous en voyez toujours l'utilité,

conservez-la. Vous aurez bien en tête le pourquoi de ce prélèvement. Et si un jour, vous en avez besoin, vous serez à même d'y penser et de l'utiliser. Il existe beaucoup d'abonnements auxquels on ne fait pas attention parce que ça représente quelques euros par mois, mais mis bout à bout, ça peut vite chiffrer. Donc répertoriez les vôtres, et faites le tri en toute conscience. Comme vu juste au-dessus, vous aurez certainement des conditions à respecter pour résilier votre abonnement. Pour cela, il faudra relire vos contrats pour les connaître, ou demander à votre conseiller. D'où l'importance de conserver les documents importants.

- Il en est de même pour **les frais bancaires**. Je ne polémiquerai pas sur la légitimité de ces frais, ni de leur montant. Imaginez que ce sont des radars, si on dépasse, on doit malheureusement payer. C'est comme ça. Aujourd'hui, nous n'avons pas le choix. Donc, il faut tout faire pour rester dans son autorisation de découvert ou ne pas en avoir et toujours respecter, c'est encore mieux. Si vous voyez que votre budget va être insuffisant, prévenez votre conseiller bancaire pour trouver des solutions. Lors de votre ouverture de compte, votre banquier vous donne les « règles du jeu », c'est la tarification. Quand on ne respecte pas les règles, on le paie, et parfois même très cher. Le banquier n'y peut rien si vous dépensez trop, ou si vous ne gagnez pas autant que vous le souhaiteriez. Votre banquier est un humain comme tout le monde, il a des directives à suivre, ce n'est pas un monstre, donc parlez-lui et il vous dira ce qui est faisable ou non. En revanche, si c'en est un, changez de conseiller, d'agence et/ou de banque. Mais là encore, il faut le faire avant que les problèmes se corsent, car après c'est plus compliqué. Le but étant de faire en sorte de ne pas se retrouver dans cette situation, et j'espère de tout cœur que ce livre vous y aidera.

Les petits ruisseaux font les grandes rivières

Il faut faire attention, les petites dépenses sont sournoises au quotidien si on laisse faire. Ce syndrome est aussi appelé le « syndrome de Starbuck ». Vous savez le petit café et/ou la petite viennoiserie pas cher, mais qu'on prend tous les matins. On a tous nos petits plaisirs au quotidien. Bah oui, 2 € ce n'est rien, ce n'est pas cher. Mais à y regarder de plus près, ça donne ça :

- **1 café au bar tous les jours** = 1,40 € × 30 jours = 42 € par mois. Imaginons que vous en preniez 2 par jour, ça vous revient à 84 € par mois. Et si vous êtes en couple, ça vous coûte 168 €/mois. Donc mis bout à bout, le simple petit café du matin vous coûte : **2 016 € par an**... Vous vous en doutiez ? Oui je sais, ça paierait vos vacances, ou plein d'autres choses !
- Ça peut être **le petit pain au chocolat tous les matins** à la boulangerie. À la fin de l'année, ça représente : 730 €. Ou **1 460 €/an** si vous êtes deux à le faire. On va faire le même calcul pour les fumeurs.
- **Un paquet de cigarettes** coûte en moyenne 10 €. Si un fumeur consomme 1 paquet par jour sur 365 jours par an, il fait littéralement partir en fumée : 3 650 € par an. Admettons que les deux personnes du couple fument 1 paquet par jour,

ça représente : **7 300 € par an** ! Oui, oui, moi aussi je suis tombée à la renverse la première fois que j'ai fait ce calcul.

Ce ne sont que des exemples, il y en a beaucoup d'autres.

Ces dépenses sont rapidement faites, souvent compulsives et dangereuses pour notre budget, et nos beaux projets ont vite fait de partir en fumée pour quelques petits moments de plaisir sans valeur.

Vous vous souvenez de l'image de Gainsbourg qui brûlait un billet de 500 francs : à l'époque, ça avait choqué tout le monde. Pourtant, on fait exactement la même chose quand on fait ce genre d'achat répété et irraisonné.

Poussons le raisonnement plus loin. Admettons que votre salaire soit de 1 400 € par mois, ça veut dire que vous travaillez plus de deux mois et demi par an, rien que pour vos cigarettes. Oui ça donne le vertige.

Ce ne sont que des exemples et nos vies sont remplies de ces petites dépenses qu'on considère comme étant sans importance sur le coup. Mais mises bout à bout, ça devient compliqué pour les fins de mois.

Refaites le calcul pour les petites dépenses anecdotiques :

- Ça me coûte X € par mois, X € par an.
- Ça représente X heures de travail par mois et par an.
- Est-ce que ça vaut la peine de travailler tout ce temps pour ce petit plaisir/addiction ? Ou est-ce que je peux réduire ce petit plaisir ? Ou le remplacer par une autre chose plus saine ? Ou un autre petit plaisir plus économique ? Voire gratuit ?

Pour résumer, on a des petites dépenses qui, mises bout à bout, font de grandes rivières.

À chacun de savoir ce qu'il veut, ce qu'il peut faire ou ne pas faire. Et ce dont il peut se passer ou pas. C'est un choix, le tout est de le faire en pleine conscience.

Si vous êtes en train de vous dire « oui mais c'est facile de dire qu'il faut arrêter de fumer. J'ai déjà essayé plusieurs fois… » Personnellement, j'ai essayé de nombreuses fois avant de réussir à stopper le tabac, donc ne vous découragez pas et persévérez, vous allez y arriver.

Mes petites astuces anti-tabac :

- Vous pouvez penser à l'hypnose en cabinet ou en fichier audio (vous pourrez l'écouter autant de fois que nécessaire avant d'aller vous coucher par exemple).
- La cigarette électronique dans laquelle vous pourrez réduire le taux de nicotine au fur et à mesure et en quelques mois, hop, c'est réglé.
- Il existe également des substituts nicotiniques.
- Des consultations auprès de spécialistes sont possibles en contactant le 39 89. Des tabacologues vous aideront en direct.

Pourquoi être organisé ?

Le fait d'être organisé permet de gagner en efficacité, en temps et en allègement de la charge mentale.

Mettre en place une bonne organisation va vous permettre également de consolider votre détermination, car vous verrez rapidement le résultat de vos efforts sur vos comptes.

Vous saurez également, avant un achat, si vous pouvez vous le permettre ou non. Et ça vous donnera de l'entrain pour continuer dans la démarche.

Si à ce jour, vous ne faites pas vos comptes, ou une fois de temps en temps, c'est parce que ça vous semble compliqué et fastidieux. L'objectif de vous trouver une bonne organisation, c'est justement de le faire régulièrement et sans effort.

Le fait de faire vos comptes régulièrement vous permet de réagir plus vite en cas de fraude à la carte, ou en cas de débits qui ne sont pas dus. D'autant plus que si vous vous en rendez compte trop tard, vous n'aurez plus que vos yeux pour pleurer. La banque ne vous remboursera pas, considérant que c'est une négligence.

Imaginons par exemple que vous avez un prélèvement de 10 € sur votre compte tous les mois depuis 1 an. Ça représente donc la somme de 120 €. Si vous vous en apercevez tout de suite, vous pourrez faire le nécessaire rapidement et être remboursé. Un courrier ou un mail, et on n'en parle plus. Si au contraire vous vous en apercevez au bout de X années, vous serez obligé de faire des recherches fastidieuses et coûteuses (frais de recherche bancaire quand les opérations sont trop anciennes). Quand vous ferez vos demandes de remboursements, l'organisme vous dira sûrement qu'ils peuvent vous rembourser les derniers prélèvements, mais que pour les autres, c'est trop ancien, donc perdus pour vous.

Le fait d'être organisé, vous permettra également de savoir facilement où vous en êtes sur vos comptes, et de savoir si vous pouvez vous permettre ou non cet achat ce mois-ci, ou si vous devez le reporter au mois prochain. Vous n'aurez plus le remord de l'achat compulsif en craignant l'appel ou le message du banquier. Vous n'aurez plus non plus à croiser les doigts pour que votre carte passe une fois en caisse, lors de vos achats en fin de mois. Vous n'aurez pas non plus la surprise d'avoir la carte bloquée en caisse, avec les regards inquisiteurs des clients derrière vous.

En résumé, quelle légèreté de gérer ses comptes facilement !

Comment s'organiser ?

Quels supports pour gérer vos comptes ?

C'est bien beau de comprendre pourquoi il est important d'être organisé, mais en pratique, comment fait-on ?

Niveau organisation, tout est bon tant que ça vous convient et que vous n'avez pas besoin de tout réécrire chaque mois. Encore une fois, on cherche le gain de temps et l'efficacité.

Pour vous inspirer, voici quelques suggestions.

■ Le document papier

Personnellement, c'est la solution que j'utilise. Je sais, je sais, pas très high-tech tout ça, mais c'est ce qui me convient. Que ce soit sur feuille cartonnée, cahier dédié, ou agenda par exemple.

Au stylo, je note les débits récurrents, et au crayon à papier, je note ce qui est aléatoire, les cartes bleues que j'ai faites mais pas encore débitées et ainsi de suite. Je note mes prévisionnels pour les courses, les loisirs, etc., et je les mets à jour afin de les faire évoluer au fil du mois.

Par exemple, si j'ai un budget courses de 400 € par mois, les 2 premières semaines de courses sont déjà payées, je dois déduire 200 € sur ce qu'il me reste à dépenser sur mon budget courses dont j'aurai besoin pour finir mon mois. Et je sais qu'il me reste 200 € maximum à prévoir pour pouvoir payer les courses des 15 derniers jours.

Attention aux mois comprenant quasiment 5 semaines.

■ Logiciels spécifiques

L'avantage de ce genre de logiciels, c'est que tout est pensé à l'avance, et qu'ils sont en général, assez simples d'utilisation.

L'inconvénient, c'est qu'ils sont parfois payants, et qu'il est parfois difficile de les personnaliser comme vous le souhaitez.

Parmi les logiciels, citons : Linxo, Bankin, Spendee, HomeBudget...

■ Tableau Excel

L'avantage du tableau Excel, c'est que vous pouvez le personnaliser comme vous le souhaitez, et que si vous vous y connaissez, il vous suffira de programmer les formules de calcul sur les bonnes cellules, et ça facilitera grandement votre gestion de comptes.

Son inconvénient, c'est qu'il faut connaître un minimum le logiciel.

■ Document Word

L'avantage, c'est que vous pouvez le personnaliser. L'inconvénient, c'est qu'il faut, encore une fois, avoir un minimum de connaissance du logiciel.

Pour toutes les versions informatiques, faites bien attention à vos données confidentielles.

Et de manière générale, que ce soit en version papier, ou informatique, ne jamais au grand jamais noter vos codes importants.

Voici un exemple de ce à quoi pourraient ressembler vos tableaux de comptes :

Dates de prélèvements	Organismes de prélèvements	Montants des prélèvements	Case à cocher quand le prélèvement est débité
Le 1er	Épargne	150 €	X
Le 5	Loyer	650 €	X
Le 5	Assurance	120 €	X
Le 10	Électricité et/ou gaz	180 €	
Le 10	Eau	30 €	
Le 15	Impôts	300 €	
Le 25	Frais de carte bancaire	8 €	
TOTAL des dépenses fixes mensuelles		**1 408 €**	
Total des prélèvements fixes qu'il reste à prélever		**518 € (à reporter sur le tableau ci-dessous)**	
Semaine 1	Budget courses alimentaires	60 €	X
Semaine 2	Budget courses alimentaires	60 €	X
Semaine 3	Budget courses alimentaires	60 €	
Semaine 4	Budget courses alimentaires	60 €	
Au cours du mois	Carburant	70 €	
Au cours du mois	Plaisirs	250 €	

Dates de prélèvements	Organismes de prélèvements	Montants des prélèvements	Case à cocher quand le prélèvement est débité
En cours de débit	Chèque(s)	X €	
TOTAL des dépenses aléatoires mensuelles		**560 €**	
Total des dépenses aléatoires qu'il reste à prélever		**440 € (à reporter sur le tableau ci-dessous)**	
TOTAL DES DÉPENSES MENSUELLES		**968 €**	
Le	Épargne	€	
Le	Loyer/prêt immobilier	€	
Le	Crédit consommation N° 1	€	
Le	Crédit consommation N° 2	€	
Le	Crédit consommation N° 3	€	
Le	Assurances	€	
Le	Électricité/gaz	€	
Le	Eau	€	
Le	Impôts	€	
Le	Frais de carte/ frais bancaires mensuels	€	
Le	Internet	€	
Etc.		€	
TOTAL des dépenses fixes mensuelles		**€**	
Total des prélèvements fixes qu'il reste à prélever		**€ (à reporter sur le 2e tableau ci-dessous)**	
Semaine 1	Budget courses alimentaires	€	

Dates de prélèvements	Organismes de prélèvements	Montants des prélèvements	Case à cocher quand le prélèvement est débité
Semaine 2	Budget courses alimentaires	€	
Semaine 3	Budget courses alimentaires	€	
Semaine 4	Budget courses alimentaires	€	
Au cours du mois	Carburant	€	
Au cours du mois	Plaisir	€	
En cours de débit	Chèque(s)	€	
TOTAL des dépenses aléatoires mensuelles		**€**	
Total des dépenses aléatoires qu'il reste à prélever		**€ (à reporter sur le 2e tableau ci-dessous)**	
TOTAL DES DÉPENSES MENSUELLES		**€**	

Solde à ce jour	+ 1 010 €
Reste à prélever dépenses fixes	**– 518 €**
Reste à payer dépenses aléatoires	**– 440 €**
ARGENT « DISPONIBLE »	**+ 52 €**

Seul le support change, mais le contenu doit toujours être le même. C'est un raisonnement à comprendre et qui devient naturel très rapidement.

À vous de reproduire ces tableaux et de les remplir avec vos chiffres :

Solde à ce jour	€
Reste à prélever dépenses fixes	**€**
Reste à payer dépenses aléatoires	**€**
ARGENT DISPONIBLE	**€**

Ce tableau n'est qu'un exemple et vous aurez certainement des postes de dépenses à ajouter ou à retirer, et c'est un exemple de forme de tableau de compte. À vous de remplir celui-ci, ou de créer le vôtre.

Si ça peut vous aider, c'est une sorte de vase communiquant en ce qui concerne les prévisionnels. On l'enlève du prévisionnel afin de le basculer sur les dépenses en cours non débitées pour le moment, puis on barre (ou on coche) la ligne, une fois débité du compte.

Eh oui malheureusement, l'argent ne se dépense qu'une fois, et les arbres à billets ne sont qu'un doux rêve. Ils n'existent pas, snif !

Comment organiser vos papiers importants ?

Pour vous simplifier la vie, voici quelques astuces afin d'organiser vos papiers. Parce que quand on a besoin de retrouver tel ou tel document, on a besoin de les retrouver facilement et rapidement. Sinon, on ne fait pas le nécessaire, et ça nous coûte.

Par exemple, vous avez résilié votre box Internet et l'opérateur continue de vous prélever. Malheureusement, impossible pour vous de remettre la main sur l'accusé de réception de votre courrier recommandé. Les recours sont extrêmement difficiles, voire impossibles, sans justificatif. Et pendant ce temps-là, les prélèvements continuent d'être prélevés. Jusqu'à quand ? Ou alors c'est le retour du matériel qu'ils vous réclament, mais sans justificatif, ils vous en demandent 350 €... Quel calvaire d'avoir des litiges qui durent, et qui durent encore... Donc on prend les choses en mains une bonne fois pour toutes.

On se trouve une organisation : une petite tour avec des tiroirs pour ranger dans chaque tiroir une catégorie de documents importants. Et on classe dans le bon tiroir dès réception et traitement du document.

Pourquoi des tiroirs ? Tout simplement parce que c'est plus rapide que de prendre une pochette, de l'ouvrir et de la refermer... C'est 2 minutes, mais quand on a la phobie des papiers, ou qu'on court partout toute la semaine, c'est toujours ça de gagné. Et puis quand on cherche un document, on a une visibilité simplifiée.

Exemple des tiroirs que vous pourriez avoir : contrats de travail, bulletins de salaire, avis d'imposition, factures d'énergie, factures d'eau, etc.

On dématérialise ce que l'on peut : dans toutes les banques, fournisseurs d'énergie, téléphone, etc., vous pouvez demander à recevoir vos relevés de compte par mail.

Ça vous demandera un effort de classification sur votre ordinateur, voire sur un disque dur externe, et une fois choisi votre support, vous créerez des dossiers en fonction de la provenance du document : relevé de compte, factures d'eau, factures de téléphone, etc.

Quel gain de place et fini le temps à s'énerver à chercher un document dont on a besoin.

On se fait une pile/boîte des courriers à traiter : et dès que c'est traité, on classe dans notre tour à tiroirs.

On fait du tri dans les papiers :

- **À ne surtout pas jeter :** les bulletins de salaire, les contrats de travail, les relevés France travail (ils vous seront demandés pour calculer votre pension de retraite lorsque le moment sera venu. S'ils vous en manquent, ils ne pourront pas en tenir compte dans vos calculs). Les contrats type assurance tant qu'ils sont en cours, conservez également vos contrats et tableaux d'amortissement de vos prêts en cours et le justificatif de fin de prêt une fois remboursé intégralement (vous pourrez les jeter 2 ans après avoir fini de les rembourser), vos diplômes, les pièces d'identité, livret de famille, certificat de mariage, certificat de divorce, certificat de décès et les garanties des appareils tant que ceux-ci sont sous garantie. On peut en revanche jeter immédiatement les notices, dès lors qu'on a vérifié si on la trouvait facilement sur Internet.
- **On peut jeter par contre tout ce qui a plus de 5 ans :** les relevés de compte, les avis du Trésor public, les taxes d'habitation et taxe foncière sont à conserver minimum 2 ans, etc. Tout le reste, c'est direction la poubelle !

Attention quand même à conserver les documents et relevés de compte qui concernent les grosses dépenses telles que les achats immobiliers, succession, donation, etc.

Attention également à bien détruire vos documents contenant des informations confidentielles telles que vos coordonnées bancaires, nom, prénom, adresse, numéro de Sécurité sociale et date de naissance. Si vous avez une cheminée, un barbecue ou encore une déchiqueteuse, c'est l'idéal, sinon déchirez en petits morceaux et jetez-les dans plusieurs poubelles.

Pour résumer ce premier chapitre, je dirais que tout ce que vous croyez consciemment et inconsciemment façonne votre réalité. C'est à vous de déprogrammer les croyances limitantes pour être serein avec l'argent, mais aussi dans les autres domaines de votre vie. Vous avez le pouvoir de « reprogrammer » les croyances qui ne vous conviennent pas.

Le reste n'est qu'une question d'organisation et celle qui vous convient c'est celle qui vous demande le moins d'effort possible et qui est maintenue dans le temps. Vous ne la trouverez pas forcément tout de suite, mais en essayant différentes choses, vous trouverez.

Chapitre 2

Votre situation actuelle

Avant toute chose, comment peut-on savoir si on a progressé, si on ne connaît pas réellement sa situation de départ ?

C'est ce que je vous propose dans ce deuxième chapitre car beaucoup pensent savoir où ils en sont, mais ce n'est souvent qu'une impression. Bonne ou mauvaise. Voyons tout ça de manière objective.

Où en êtes-vous aujourd'hui ?

Tout d'abord, quand est-on quelqu'un de pauvre et qu'est-ce qu'une personne riche ?

Il existe quatre niveaux de classification et je vous préviens, cela risque d'être difficile à entendre, mais c'est nécessaire à la prise de conscience si toutefois vous en aviez besoin.

Gardez bien en tête que toute situation a ses solutions et que le but est de progresser dans le bon sens. Plus ce qui va suivre va vous interpeller, vous révolter et plus vous aviez besoin de l'entendre. Une fois le constat fait, foncez droit vers les bonnes pratiques et vers votre réussite.

En résumé, il n'y a rien de péjoratif, seulement des faits. Et les progrès sont plus faciles à mesurer quand on sait d'où l'on part. Bientôt vous sortirez les cotillons et coupes de champagne pour vous célébrer ! Ces quatre niveaux sont les suivants.

Les « pauvres chroniques »

Ce sont les personnes qui dépensent toujours plus que ce qu'elles gagnent. Ces personnes creusent leur découvert tous les mois, font des rachats de prêts de leurs prêts, et ainsi de suite. C'est un cercle vicieux qu'il faut à tout prix endiguer au plus vite. Ici, il n'est nullement question de petits ou de gros revenus.

Les « pauvres équilibrés »

Ce sont les personnes qui dépensent tout ce qu'elles gagnent et qui n'économisent rien. Rien de dramatique tant que tout reste stable, mais si un jour il y a une grosse dépense imprévisible ou une baisse de revenus, ça peut vite devenir la descente aux enfers. Là encore, ce n'est pas une question de revenus, juste d'éducation financière. Et je suis bien placée pour vous le dire puisque c'est du vécu et que, malgré nos revenus, c'était compliqué d'épargner à l'époque.

Les « classes moyennes »

Ce sont les personnes qui dépensent raisonnablement en fonction de leurs revenus et qui arrivent à épargner chaque mois. Ces personnes sont beaucoup plus à l'abri que les personnes des niveaux précédents, mais n'optimisent pas leur potentiel financier.

Les « riches »

Ce sont les personnes qui dépensent leur argent en investissant. Ces investissements travaillent pour eux, et ils peuvent donc se passer d'un travail de salarié. Mais ça ne les dispense pas de gérer leurs capitaux. Bien gérés, leurs investissements leur rapportent de l'argent même quand ils dorment. Et c'est avec cet argent gagné qu'ils se payent du luxe. Pas avec l'argent de leur travail de salarié. Ça fait rêver non ?

Comme on l'a vu plus tôt, il n'y a pas que les héritiers de familles très riches qui font partie de la dernière catégorie. Selon vous, le créateur de KFC était-il le fils d'un millionnaire ? Pas du tout. Le colonel Sanders a perdu son père quand il avait 5 ans. Il a quitté l'école à l'âge de 15 ans. Il a pris sa retraite avec 105 $ en poche, et est devenu millionnaire à l'âge de 88 ans. Le but étant d'être à l'abri avant ces fameux 88 ans, mais le colonel Sanders nous a prouvé que c'est possible à n'importe quel âge, et avec n'importe quel apport.

Rien n'est impossible si on le veut et qu'on agit pour atteindre nos objectifs.

Et vous ? Quel niveau de richesse souhaitez-vous atteindre ? Et surtout, où en êtes-vous aujourd'hui ? Un des moyens de le définir est de calculer votre valeur nette.

Calcul de votre valeur nette

Afin de savoir où vous en êtes, remplissez le tableau suivant et vous aurez une bonne visibilité de votre situation financière.

C'est un état des lieux objectif de vos finances à ce jour.

VOS ACTIFS (prix de revente si vous deviez vendre vos biens à ce jour)	VOS PASSIFS (vos dettes)
Prix de votre logement si vous êtes propriétaire =	Montant qu'il vous reste à rembourser sur votre prêt immobilier =
Prix de votre ou de vos voitures =	Montant total qu'il vous reste à rembourser sur vos prêts à la consommation =
Montant total de vos épargnes =	Montant total des factures impayées =
TOTAL DE VOS ACTIFS = ... €	TOTAL DE VOS PASSIFS = ... €

Si le montant total de vos actifs dépasse le montant total de vos passifs, vous avez déjà de bonnes habitudes financières. Continuez comme ça.

Si le montant total de vos passifs dépasse le montant total de vos actifs, vous êtes, soit vulnérable aux accidents de la vie, soit en grande difficulté. Rassurez-vous, ce livre regorge de solutions pratiques.

État des lieux de vos dépenses fixes

Une fois que vous avez fait le point sur votre situation actuelle et là où vous voulez aller, passons à l'analyse des dépenses fixes.

Notez ci-après toutes les dépenses fixes indiquées sur votre relevé de compte et la somme que vous y consacrez chaque mois. Une fois que c'est fait, faites le total de ce que vous coûtent vos dépenses fixes mensuellement.

Cela vous permettra de savoir où vous en êtes à ce jour, ainsi que les actions à mettre en place. Une fois ceci fait, vous pourrez faire ce même exercice d'ici 6 mois, et comparez combien d'argent vos démarches ont réussi à vous faire économiser sur 1 mois. Puis recommencez 1 an après et admirez le chemin parcouru.

Vos dépenses fixes à ce jour

Dans cette liste, vous aurez les postes suivants :

✓ *Loyer ou crédit immobilier*

✓ *Charges de copropriété (si les charges sont trimestrielles, divisez-les par 3 pour connaître votre montant mensuel)*

✓ *Crédit consommation et encours cartes à débit différé (voir le tableau ci-après)*

✓ *Électricité/gaz*

✓ *Eau*

✓ *Assurance habitation*

✓ *Assurance voiture*

✓ *Autres assurances (assurance décès, protection juridique...)*

✓ *Forfait téléphone*

✓ *Forfait Internet*

✓ *Entretien de la chaudière mensualisé*

✓ *Impôts*

✓ *Cantine des enfants*

✓ *La nourrice, le centre de loisir, etc.*

✓ *Frais bancaires liés à votre carte bancaire et assurance des moyens de paiement*

✓ *Abonnements divers : chaînes payantes, salle de gym, revues, abonnement de musique...*

✓ *Mutuelle*

✓ *Autre*

Une fois cette liste réalisée, faites le total de vos dépenses fixes mensuelles. Cette liste est évidemment personnelle et chaque foyer a des dépenses spécifiques, donc n'hésitez pas à dresser la vôtre en ajoutant et/ou en enlevant des postes de dépenses. En ayant fait ceci, vous aurez déjà sûrement des surprises en vous disant « tiens, c'est quoi cette assurance ? » Ou encore, « ouh là, mais je paie une fortune pour tel ou tel poste de dépenses ! ». Rassurez-vous, tout est normal à ce stade et surtout, il y a des solutions. Refaites cet exercice dans 6 mois et dans 1 an pour voir les évolutions et les économies réalisées.

Tableau récapitulatif de vos crédits à ce jour

	Organismes de prêt	Montant de votre échéance	Capital restant dû (somme qu'il vous reste à rembourser)	Taux du crédit	Date de fin de prêt (hors remboursement anticipé)
Encours de carte à débit différé			€		
Crédit 1		€	€	%	
Crédit 2		€	€	%	
TOTAL de vos dettes à crédit		**€/mois**	**€**		

Maintenant que vous avez posé les chiffres noir sur blanc, vous devez commencer à avoir une petite idée de votre situation financière objective sur vos dépenses fixes.

État des lieux de vos dépenses aux montants aléatoires

Alors par où commencer quand on est un peu perdu, ou qu'on veut optimiser ses dépenses du quotidien ?

La première chose à faire, c'est un « état des lieux » de vos dépenses aléatoires cette fois-ci. Le but de cet état des lieux est de savoir où vous en êtes. Quelles sont vos habitudes de consommation ? Quel est votre découvert éventuel ?

Sans jugement, mettons cartes sur table. Nous ne sommes pas à l'école, il n'y a donc pas de mauvaise réponse, rien ne sert de tricher. Allez hop, on commence !

Prenez les trois derniers mois de relevé de compte, et classez les dépenses par mois. Ce sera sûrement un peu fastidieux, mais nécessaire à la prise de conscience de ce que vous voulez, ou de ce que vous ne voulez pas. Voici un exemple de tableau que vous pouvez appliquer pour cela.

	Mois 1	Mois 2	Mois 3	FAIRE LA MOYENNE DE CHAQUE POSTE DE DÉPENSES
Ex. : Courses alimentaires	Ex : 600 €	550 €	670 €	600 + 550 + 670 = 1 820 € 1 820 : 3 = **606 €/mois**
Courses alimentaires				€
Restauration (restaurant, repas, fast-food...)				€
Loisirs : cinéma/ théâtre, etc.				€
Cigarettes				€
Achat de vêtements, chaussures, maquillage...				€
Montant de votre découvert (si vous en avez un)				€
TOTAL DE VOS DÉPENSES ALÉATOIRES MENSUELLES				€

Une fois que vous aurez fait cela, vous saurez si votre poste pour les sorties par exemple, est excessif, et vous pourrez y remédier. Je m'explique, admettons que vous trouviez une moyenne sur les trois derniers mois complètement folle et démesurée sur le poste des restaurants par exemple. Vous pouvez définir qu'un restaurant par semaine ou par mois serait suffisant pour votre plaisir et ainsi mettre de côté les économies faites. Ou peut-être préférerez-vous y aller aussi souvent, mais en réduisant l'addition (restaurant moins cher, ou pas d'alcool, ou pas de dessert, etc.)

Répartition des dépenses pour un foyer français

Je vous donne à titre indicatif la répartition des postes de dépenses des foyers français. Vous pouvez comparer vos dépenses, afin de visualiser rapidement où il vous est possible de réduire vos dépenses. Ce sont les chiffres de l'Insee et ils ne tiennent pas compte des catégories socioprofessionnelles afin que tout le monde puisse s'y référer.

Moyenne de répartition des dépenses des foyers français

Logement : 24 %

Courses alimentaires : 16 %

Transport 16 %

Banque et assurances : 13 %

Loisirs : 19 %

Communication : 4 %

Habillement : 8 %

Voilà, vous savez comment dépensent vos voisins en moyenne en France. Et vous, où en êtes-vous ?

Votre feuille de calcul

Méthode de calcul : *montant de la dépense que vous voulez calculer, divisé par les revenus de votre foyer multiplié par 100*

Montant de dépenses annuelles pour un poste de dépense = **Y**

Montant de vos revenus annuels + primes

Y × *100 = votre pourcentage sur le poste concerné*

Exemple : *votre foyer a 2 500 € de revenus et vous avez 350 € de courses alimentaires.*

Le calcul se fera comme suit : 350 / 2 500 € = 0,14 €

0,14 × 100 = 14 %

Courses alimentaires :	%
Logement :	%
Banque et assurance :	%
Transport (essence, transport en commun...) :	%
Loisirs :	%
Communication :	%
Habillement :	%
Autre :	%
Quels postes devez-vous réduire en priorité ?	

Analyse de vos rentrées d'argent

À présent que vous avez fait un point sur vos dépenses, faisons l'état des lieux de vos rentrées d'argent.

Est-ce que votre salaire est fixe ou variable ? Est-ce que vous avez des primes ? Sont-elles régulières ou aléatoires ?

Est-ce que vous avez des aides de l'État ? Est-ce que vous percevez une pension alimentaire ?

Le but est de savoir exactement quelles sommes rentrent sur votre compte chaque mois.

Si vos rentrées d'argent sont réglées comme du papier à musique, il y a juste à le noter.

- Ex. : si, du mois de janvier au mois de décembre, vous percevez 1 650,33 €, votre revenu mensuel est simple à calculer puisque vous percevez 1 650,33 € chaque mois.
- Ex. : si vous avez toujours 1 650,33 € par mois et que vous percevez 150 € de pension alimentaire et 200 € d'APL, alors vos rentrées d'argent s'élèvent à 2 000,33 € par mois (1 650,33 + 150 + 200 = 2 000,33 €).

En revanche, si vos revenus sont aléatoires, vous devez additionner tous vos revenus sur une année complète, et diviser la somme par 12 mois afin d'en connaître la moyenne mensuelle.

Ce calcul est d'autant plus intéressant pour vous que vous devrez mettre tout ce qui dépasse cette somme sur une épargne, afin de vivre normalement les mois où vous toucherez moins.

Ex. : si vous percevez 1 000 € au mois de janvier, 3 000 € au mois de février, 500 € au mois de mars et ainsi de suite, faites l'addition de toutes vos rentrées sur l'année civile précédente.

Admettons que vous ayez perçu 18 000 € sur l'année civile. Divisez ces 18 000 € par 12 mois, soit 1 500 € par mois.

Selon cet exemple :

- pour le mois de janvier, vous prendrez de votre épargne les 500 € pour arriver à 1 500 € ;

- pour le mois de février, vous mettrez 1 500 € sur cette même épargne ;
- et pour le mois de mars, vous prendrez 1 000 € toujours de cette épargne afin de la rendre disponible sur votre compte courant afin de payer vos dépenses mensuelles.

Cela facilitera grandement votre gestion au quotidien, et vous serez plus serein.

Vous devrez additionner vos revenus avec les revenus de votre conjoint si vous êtes en compte joint. Rassurez-vous, le procédé est exactement le même.

Calcul de votre « argent disponible » et de votre quotité d'endettement

Maintenant que vous avez une idée plus précise de vos rentrées d'argent, il y a deux calculs intéressants à réaliser. Le premier est le calcul de votre « argent disponible » et le second est le calcul de votre quotité d'endettement.

Calcul de votre « argent disponible » sur le mois

Soit vous faites : **vos revenus – la totalité de vos charges** (aléatoires et fixes cumulés : référez-vous aux calculs déjà faits un peu plus tôt).

Exemple N° 1 : vos revenus sont de 1 500 €, on soustrait les charges qui peuvent être de 1 400 €.

Le calcul se fera comme suit : 1 500 € – 1 400 € = + 100 €

Ces 100 € pourront être mis de côté sur votre épargne dédiée aux imprévus ou pour financer votre projet.

Exemple N° 2 : vos revenus sont toujours de 1 500 €, mais vos charges sont de 1 600 €.

Le calcul se fera comme suit : 1 500 € – 1 600 € = – 100 €

Ça veut dire que tous les mois, vous creusez votre découvert.

Si le résultat est négatif, c'est qu'il faut agir d'urgence ! En effet, cela signifie que vous dépensez trop par rapport à vos rentrées, ou que vos rentrées ne sont pas suffisantes par rapport à vos dépenses, voire les deux.

Votre découvert se creuse de mois en mois puisqu'avec votre découvert, vous dépensez votre salaire du mois d'après, et ainsi de suite. Donc naufrage assuré à court ou moyen terme à moins d'un miracle financier.

Vous devez mettre tout en œuvre pour y remédier. Donc on arrête de faire l'autruche et on stoppe toutes les dépenses non impératives, on va voir son conseiller bancaire pour faire un point, et si vraiment la situation est compliquée, on va voir une assistante sociale ou un conseiller en économie familiale à la Caf, qui pourra vous conseiller.

Quotité d'endettement

Vous pouvez également calculer votre quotité d'endettement. C'est ce calcul qui permet à votre banquier de connaître l'état de vos comptes, et de calculer si vous avez droit à une autorisation de découvert, ou à un crédit ainsi que le montant de ceux-ci (consommation ou immobilier).

Ce calcul vous donnera pour vous aussi une idée précise de votre situation.

Attention, dans ce calcul, on prend dans les charges uniquement : les prêts à la consommation, les charges immobilières (prêt immobilier ou loyer), ainsi que d'éventuels paiements de pension alimentaire.

Le calcul est le suivant : vos charges seront divisées par vos revenus, et le résultat sera multiplié par 100.

Si vos charges sont de 350 €/mois et vos revenus de 1 500 €/mois :

Charges de 350 €/revenus de 1 500 € = 0,23

0,23 × 100 = 23 % d'endettement

Votre quotité d'endettement doit se situer impérativement en dessous de 33 %. Si ce n'est pas le cas, mettez très rapidement en place les conseils ci-après afin de réduire ce montant en dessous de 33 %.

Ce calcul, ainsi que le calcul de votre argent disponible et de votre valeur nette, vous donneront une visibilité précise de votre situation financière.

Pour résumer ce chapitre, je dirai que j'espère que ça n'a pas été la douche froide pour vous. Mais quoi qu'il en soit, avoir calculé réellement votre valeur nette, votre « argent disponible » et votre quotité d'endettement vous a permis de savoir réellement où vous en êtes aujourd'hui. Grâce à ces calculs, vous allez pouvoir à présent, engager les bonnes actions. Donc bravo d'avoir franchi cette belle première étape !

Chapitre 3
Votre plan d'action

On rebouche le trou dans la coque avant de remettre le navire à flot ! Tout comme on stoppe les dépenses superflues afin de réduire les dettes !

Maintenant que vous savez réellement où en est votre situation financière, il nous faut un bon plan d'action pour améliorer la situation.

Dans tout, il faut un plan d'action afin de suivre les étapes et ne pas se perdre. Savoir où vous en êtes dans votre progression est également important et si une étape est compliquée, il sera toujours temps de trouver autre chose ou de la diviser en de plus petites étapes. Le seul point à garder en tête, c'est d'avancer dans la bonne direction. Le reste n'est qu'une question de temps !

Voilà ce que je vous propose.

Schéma du processus de réussite

Quel que soit votre objectif, quel que soit le domaine sur lequel vous souhaitez vous améliorer, ce schéma est applicable, donc gardez-le en tête.

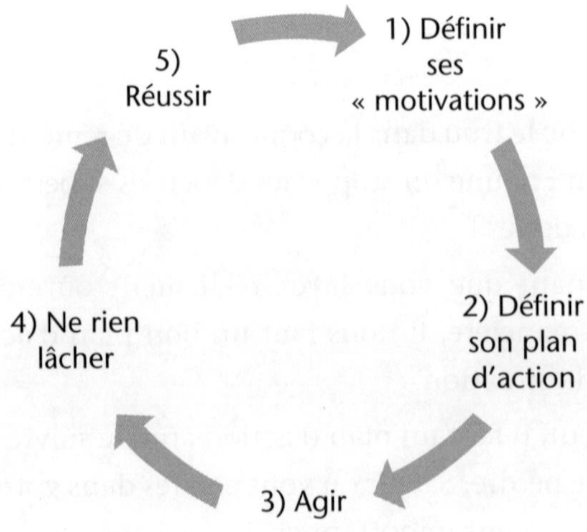

Qu'est-ce qu'une dépense prioritaire ?

Afin d'y voir un peu plus clair, on va prioriser les différentes sortes de dépenses.

Souvent on peut se fourvoyer en se disant que cette paire de bottes est nécessaire pour faire bonne impression à notre travail, ou que si on veut avoir plein d'amis, il faut aller à toutes les soirées, ou encore que notre famille ne peut être heureuse que dans une maison de X m^2, etc. Mais qu'en est-il vraiment ?

Quand nous n'avons pas les bonnes bases, notre cerveau a vite fait de nous jouer des tours et de rendre la tentation irrésistible. Et pour ça, tous les prétextes sont bons pour nous déculpabiliser d'un achat pas très raisonnable au vu de notre compte bancaire, ou des buts que nous nous étions fixés.

Remettons les choses au clair, mais avant ça je vais vous raconter une petite anecdote. Du temps où j'étais conseillère bancaire, j'ai bien évidemment rencontré toutes sortes de personnes, que ce soit dans leurs apparences, leurs façons de gérer leur compte, leurs façons de voir les choses… Et parmi ces clients, certains m'ont fait réfléchir et m'ont marquée. Par exemple, la plus riche cliente de l'agence était une petite dame qui ne payait pas de mine, je pense même qu'on lui aurait donné une petite pièce si on l'avait croisée assise dans la rue. Il y avait aussi une petite demoiselle, qui n'avait pour seule ressource que 400 € de revenus sociaux. Elle avait un enfant en bas âge et habitait chez sa mère. Certes, elle n'avait pas de loyer ni les factures qui vont avec, mais elle dépensait plus de 400 € par mois dans des achats vestimentaires et soins esthétiques. Ce qui jusque-là ne me pose pas de problème en tant que personne. Mais ce qui m'a posé problème, c'est que malgré beaucoup d'arrangements de la part de la banque, elle n'avait plus de quoi acheter de quoi nourrir son enfant, et c'était visiblement habituel… elle considérait que c'était aux autres de pallier son manque de maturité financière.

Bien évidemment, je vous donne deux situations aux antipodes l'une de l'autre qu'il m'a été donné de rencontrer, mais ça donne matière à reflexion, n'est-ce pas ?

Je ne veux pas dire qu'il faut avoir l'air dépouillé pour être fortuné, ou qu'avoir une apparence soignée signifie que la personne est en difficulté. Mais les apparences ne signifient pas grand-chose, puisque nos dépenses ne sont plus en corrélation avec nos moyens.

Certains disent même que les pauvres achètent plus de produits de luxe que d'autres personnes considérées comme plus fortunées qu'eux. Vous voyez ceux qui louent de belles voitures de luxe pour le week-end, ou qui s'achètent des sacs à main à plusieurs centaines d'euros pour se donner de l'importance aux yeux des autres, et qui, à côté de cela, ont du mal à payer leur loyer. Et il y en a aussi qui choisissent leur voiture de luxe avant de sortir de chez eux. Il faut de tout pour faire un monde et c'est aussi ce qui le rend tellement passionnant.

Quoi qu'il en soit, vous devrez adapter votre degré de rigueur à ce qui va suivre.

Pour illustrer cela, reprenons les travaux du psychologue américain Abraham Harold Maslow, à savoir la « Pyramide de Maslow ». Vous avez certainement déjà entendu parler de cette fameuse pyramide, mais prenons le temps de faire un petit rappel.

Cette pyramide représente les différents besoins d'un être humain, et leurs classifications par ordre de priorité. Elle est importante, car on se rend compte que dans notre société, on a parfois tendance à se tromper d'ordre dans nos priorités.

Par exemple, si on reprend le cas de cette jeune maman au RSA, on se rend compte que sa priorité était de se donner de la valeur esthétiquement au lieu de prioriser les besoins de son bébé. La question pourrait être : pourquoi avait-elle besoin de faux ongles, de maquillage et de nouveaux vêtements à hauteur de plus de 400 € par mois pour se sentir

valorisée ? Mais c'est une autre question. Celle de l'estime de soi.

5. **Besoin de s'accomplir** : accroître son potentiel et développer ses connaissances pour soi-même.
4. **Besoin d'estime** : sentiment d'être utile et d'avoir de la valeur.
3. **Besoin d'appartenance** : besoin de reconnaissance et d'appartenance à un groupe, par exemple amis, voisins, collègues, etc.
2. **Besoin de sécurité** : se sentir à l'abri des menaces, stabilité émotionnelle, par exemple avoir un toit, des revenus, etc.
1. **Besoins physiologiques** : boire, manger, dormir, s'habiller en fonction de la saison sont les besoins les plus importants et sont la base des besoins à combler avant de passer à l'étape 2, puis l'étape 3, etc.

Comme on le disait plus haut, beaucoup placent aujourd'hui le besoin d'appartenance à un groupe, ou ce besoin d'avoir de la valeur, bien avant leurs besoins physiologiques. Et ça se traduit par la nécessité pour certains d'acheter des objets dont ils n'ont pas les moyens, et ce au détriment de leurs besoins primaires.

Là où je ne suis pas tout à fait d'accord avec le Dr Maslow, c'est que je placerais la formation en deuxième position, juste après les besoins physiologiques. Tout simplement parce qu'il est difficile d'être en sécurité ou à l'aise socialement quand on est accablé de dettes. Donc l'éducation financière est à mon sens une des priorités après le fait de boire, de manger, etc.

Si vous êtes en grande difficulté financière, je ne saurais que trop vous conseiller de prioriser au maximum les besoins primaires. Tout du moins le temps de mettre tous ces tracas derrière vous.

Si vous avez simplement besoin de réajuster vos priorités, il faudra trouver une juste proportion entre vos besoins au quotidien et la réalisation de votre ou vos projets.

Comment catégoriser ses différents achats ?

Pour vous aider à faire vos achats en bonne conscience, voici un résumé des différents types d'achats de votre quotidien.

Les achats obligatoires sont les achats dont on ne peut pas se passer. Ce sont les dépenses qui répondent aux besoins primaires tels que : le loyer, les courses alimentaires, les vêtements dont on a réellement besoin, etc.

Ces dépenses sont à réduire en fonction de sa situation et en fonction de ses projets. Par exemple, votre loyer/prêt immobilier a beau être obligatoire, il peut être réduit en déménageant dans un logement plus petit ou en faisant un rachat de prêt pour baisser le taux de ce crédit. Louer une partie de votre logement peut être une solution pour réduire cette charge importante le temps que vous atteigniez vos objectifs financiers par exemple.

Les achats utiles sont les achats qui servent à vous faciliter la vie et à évoluer tels que : une voiture, l'épargne, l'éducation (livres, etc.), le sport, etc. Ces dépenses sont également à faire de manière raisonnée. Par exemple, vous pouvez acheter une voiture neuve, ou d'occasion. Choisir entre une salle de sport et l'achat d'une paire de baskets pour courir en extérieur est aussi un choix à faire en fonction de vos objectifs.

Les achats plaisir et luxe sont les achats que nous faisons simplement pour nous satisfaire, et qui ne sont ni obligatoires, ni utiles, tels que le parfum, les vêtements non nécessaires, le dernier téléphone portable à la mode, les restaurants, le cinéma, d'autres loisirs, les vacances, etc. Ces dépenses sont à prévoir dans la création de votre budget. Vous définirez un budget raisonnable par mois de X € afin de vous faire plaisir sans culpabilité.

Les achats inutiles et/ou dangereux sont des achats qui ne procurent qu'un plaisir immédiat et qui sont nocifs : les cigarettes, les fast-foods, l'alcool, les jeux d'argent, etc. Ces dépenses sont à supprimer ou à limiter au mieux. Elles nuisent à votre personne et à votre portefeuille.

Vous avez déjà entendu parler de l'histoire de certains ingénieurs de chez Google qui dormaient dans leur voiture à leur sortie du travail ? Ils avaient comme stratégie de vie, d'économiser le maximum d'argent et d'être à la retraite à 30 ans. C'était leur choix, leur vision, leur objectif.

Cela illustre assez bien la différence entre les achats obligatoires et les besoins inutiles. Bien évidemment, c'est un peu extrême, et peu de personnes ont envie de faire autant de sacrifices, mais ça reste une bonne illustration puisque, entre le trop de sacrifice et le laisser-aller total, il y a 1 001 degrés.

Comment optimiser vos dépenses fixes ?

Si vous avez été proche de la syncope en voyant les chiffres de votre analyse de vos dépenses fixes, rassurez-vous, c'est bon signe : ça veut dire que vous allez déjà faire des économies rien qu'en appliquant les trois points suivants. Comme il faut bien commencer par quelque chose, optimisez en commençant par ce qui vous coûte le plus cher.

Si vous êtes propriétaire de votre logement, regardez si vous pouvez faire racheter votre prêt immobilier auprès d'une banque ou d'un courtier. Cela afin de réduire les intérêts de votre prêt. Vous pourrez ainsi réduire le montant de votre échéance, ou la durée de votre prêt. Les taux des banques ont beaucoup baissé ces dernières années et ils ont un peu remonté, donc ça vaut le coup de se pencher sur la question.

Si vous êtes vraiment acculé ou pressé de réaliser votre projet, vous pouvez également vendre votre bien et vous loger à moindre coût. Je sais, ce n'est pas très agréable à entendre, mais aux grands maux, les grands remèdes. Et quelle libération sans ce poids sur les épaules ! De plus, rien ne vous empêche de racheter un autre bien par la suite.

Si vous êtes en location, voyez si vous pouvez réduire le montant de votre loyer. Il semble assez peu probable que vous arriviez à négocier une baisse de votre loyer avec votre propriétaire actuel, donc faites le tour des petites annonces et cherchez un logement moins cher. Peut-être serez-vous obligé de réduire la superficie, ou de changer de quartier ou de ville, mais vos projets en valent la peine, non ?

Résiliez les abonnements dont vous n'avez pas besoin, ou trop coûteux pour le moment pour vos objectifs. Vous savez les abonnements tels que : abonnement TV (Netflix, Canal+, OCS, les bouquets payants, etc.), abonnement de musique (Deezer, Spotify, etc.), et on n'achète autre chose pour compenser, sinon aucun intérêt pour vous, salle de sport si vous n'y allez pas, les jeux payants sur téléphone, les magazines, les boxes beauté, carte cinéma, etc. Bref, tout ce qui n'est pas vital, donc c'est à chacun de trouver la juste mesure.

Bon, autant vous dire qu'il risque d'être compliqué de résilier le Trésor public. Il y en a qui ont essayé et... ça n'a pas été très bon pour eux. Donc on oublie de ce côté-là. Bien évidemment, c'est une plaisanterie.

Vous pouvez toutefois vous rapprocher d'un agent du Trésor public ou d'un comptable, afin de voir si vous pouvez défiscaliser certaines choses, tout en étant en règle.

Remboursez vos prêts à la consommation, ceux-ci vous permettent d'acheter des choses pour lesquelles vous n'aviez pas les moyens, et ensuite vous le payez durant des mois, voire des années. Ces prêts réduisent votre pouvoir d'achat, chaque mois, et vous coûtent des intérêts. Puisque votre pouvoir d'achat est réduit, cela vous empêche de faire d'autres achats plus tard, donc en général, on refait un crédit et c'est la spirale infernale. Par conséquent, placez dans vos priorités financières le remboursement de vos prêts à la consommation. N'oubliez pas que votre découvert, les paiements en trois fois sans frais ainsi que vos encours de carte à débit différé sont également des prêts. Comment procéder ?

Si vous avez vraiment besoin de souffler tous les mois, remboursez en priorité votre prêt où il vous reste le moins de capital. Ainsi vous éliminerez de votre vie une échéance le plus vite possible. Ça vous laissera de quoi respirer un peu plus chaque mois, de mettre une partie sur votre épargne et le restant vous permettra de rembourser votre prochain crédit à rembourser de manière anticipée. Vous pouvez par exemple diviser en trois le montant de cette échéance que vous n'avez plus et répartir comme ci-dessous.

Par exemple : si vous aviez 90 € d'échéance, ça vous permettra d'augmenter de 30 € votre budget pour le mois, 30 € vers votre épargne en cas d'imprévu, et 30 € destinés au remboursement anticipé de votre prochain crédit à éliminer.

Si votre but est de réaliser votre projet, remboursez en priorité le prêt qui vous coûte le plus cher, celui qui a le taux le plus élevé. Une fois le premier prêt remboursé intégralement, vous pourrez consacrer la moitié de votre ancienne échéance au remboursement des autres prêts, et vous placerez l'autre moitié sur votre épargne.

Par exemple : si vous aviez 90 € d'échéance, vous mettrez 45 € sur votre épargne et 45 € destinés au remboursement de votre prochain prêt à rembourser.

Les esclaves d'aujourd'hui ne sont plus enchaînés, mais endettés ! Bien sûr, le but de cette phrase est de choquer.

Il est évident que ce ne sont pas les mêmes souffrances, mais les dettes sont un poids qui vous empêche d'être libre.

Faites marcher la concurrence. Vous avez différentes offres en ce qui concerne les forfaits téléphoniques, les forfaits Internet, les vendeurs d'énergie, les assurances… Ce sont des marchés concurrentiels, regardez donc ce qui se passe ailleurs, appelez votre prestataire pour voir s'il s'aligne sur les prix de la concurrence. Et s'ils ne peuvent/veulent pas réduire vos prélèvements, changez de prestataire.

Pensez aux « comparateurs » sur Internet pour y voir un peu plus clair. Attention toutefois pour les assurances, demandez des devis sur la base des mêmes couvertures entre chaque devis, et lisez bien vos devis et contrats, même les petites lignes, surtout les petites lignes ! Il y a un dicton très juste qui dit « les paroles s'envolent et les écrits restent ». Ce qui veut dire que si vous aviez convenu un dépannage 0 kilomètre lors de la souscription de votre assurance auto, le conseiller vous a confirmé trois fois que vous êtes assuré à 0 kilomètre, si ce n'est pas explicitement écrit sur votre contrat, c'est que vous n'êtes pas assuré pour ça ! Donc restez vigilant ! Oui je sais, ça sent le vécu… Et surtout choisissez un niveau de couverture qui vous convient. Ce sont des démarches un peu fastidieuses, mais qui peuvent vous faire économiser entre 100 et 300 €/mois, ce qui représente entre 1 200 € et 3 600 € d'économie en 1 an. Plutôt sympa pour une petite journée de travail non ?

Revoyez vos besoins afin qu'ils soient adaptés à votre situation actuelle. Parfois on a des besoins à un moment donné, ces besoins évoluent et ils méritent d'être révisés régulièrement. Par exemple, vous pressentiez un litige avec votre voisin, et vous avez mis en place une assurance « protection juridique » ; ou bien vous aviez acheté une voiture neuve ou récente et l'aviez assurée tous risques. Vous avez eu raison à l'époque, mais avez-vous toujours besoin de ces mêmes couvertures à ce jour ? La valeur de votre véhicule décote inévitablement et arrive un moment où l'assurance « tous risques » n'est plus adaptée.

Il est temps pour vous de faire le point sur le contenu de ces prélèvements, et de réduire ou de résilier ce qui n'est plus nécessaire, ou plus vraiment à votre avantage.

Essayez les banques en ligne. Celles-ci ont des frais de fonctionnement beaucoup moins importants que les banques avec agence en centre-ville. Il faut tout de même vous dire que si vous avez besoin d'un petit coup de pouce, la banque en ligne sera beaucoup moins souple qu'une agence avec votre conseiller attitré. Donc là encore, réfléchissez à ce qui convient à votre situation à ce jour, quitte à changer plus tard. Vous pouvez également avoir deux ou plusieurs banques en fonction de votre organisation et de vos intérêts.

Mais deux cartes bleues gratuites, ça économise 180 €/an en moyenne dans une agence bancaire classique pour les mêmes prestations. Sans compter que vous pouvez recevoir un petit billet de bienvenue à l'ouverture, vous pouvez parrainer et être parrainé afin d'avoir d'autres petits billets sympathiques. En général, ce sont 80 € qui sont offerts.

Comment optimiser ses dépenses aléatoires ?

Il n'y a pas de secret, les dépenses aléatoires sont les plus faciles et en même temps les plus difficiles à réduire, car elles demandent une vigilance de chaque instant. C'est juste le temps de mettre les bonnes habitudes en place.

Heureusement, il y a des solutions pour faciliter tout ça.

Dans un premier temps, on repère et **on fuit les moments où il nous est difficile de ne pas sortir la carte bleue.** Eh oui, on a tous des moments comme ça. Vous savez le moment où vous allez vous promener gentiment, et là, comme par magie, votre boutique préférée apparaît. Vous regardez la télévision et comme par hasard, vous avez envie d'une pizza, ou d'un casque de musique, etc. Ou encore les achats consolation, on va faire les boutiques parce qu'on est triste ou de mauvaise humeur...

Donc plan d'action est le suivant :

- On change de chemin, car on aura détecté notre péché mignon et on fait tout pour ne pas passer devant.
- On coupe le son de la télévision au moment des publicités.
- On met en spam les publicités des sites marchands ou boutiques physiques sur notre boîte mail ou par SMS.
- On supprime les abonnements des sites qui nous « offrent » des frais de livraison ou des livraisons rapides.
- On trouve une autre activité plus productive quand on n'a pas le moral.

On réfléchit aux achats en cascade. Qu'est-ce que j'entends par là ? Un achat en cascade, c'est un achat qui entraîne d'autres dépenses.

Voici une petite anecdote qui m'est arrivée. Pour mes 30 ans, je me suis donné la chance de partir à New York. J'ai beau ne pas être une *fashion addict*, ma carte bleue a souffert, et je me suis lâchée sur « quelques » vêtements, etc. On ne se moque pas, je n'en suis pas fière. Bref, j'ai acheté des vêtements, des escarpins, sac à main... Bien évidemment, je n'avais pas de place dans ma valise pour tout ramener, donc j'ai dû acheter une seconde valise qui devait normalement passer en cabine. Paf ! 80 $ de plus qui n'étaient pas prévus.

Arrivée à l'aéroport, l'hôtesse me dit que ma seconde valise était trop grosse pour aller en cabine et qu'il fallait que je la mette en soute à bagages pour 80 $ de plus. Et là, j'étais tellement en colère que j'ai passé ma frustration en achetant un portefeuille. Paf ! 80 $ de plus...

Bref, si on passe le fait qu'à moi seule sur cette semaine, j'ai fait tout ce qu'il ne fallait pas faire, ça illustre assez bien les achats en cascade. Si je n'avais pas acheté autant sur place, j'aurais économisé des achats, j'aurais économisé le prix de la valise, le prix du passage en soute et le prix du portefeuille « frustration »... soit un total de minimum (puisque je ne compte pas les achats sur place) 240 $!

Bon, je vous raconte ça parce qu'on se connaît bien maintenant, mais regardez chez vous, il y a plein d'exemples : vous achetez un animal, il vous faudra payer le vétérinaire, la litière ou la « toutounette » pour les crottes, les croquettes, etc. Quand vous achetez une voiture, il faudra payer le carburant, l'assurance, l'entretien courant, les réparations, etc. D'où l'importance de réfléchir à ses achats, et de les faire consciemment.

On limite les petites dépenses à répétition : vous savez les petits cafés, viennoiseries, etc., dont on a parlé tout à l'heure. Pour vous aider à visualiser encore plus l'impact néfaste de ces petites habitudes qu'on pense sans conséquence, je vous ai fait un tableau que vous aurez à reproduire et à remplir avec les dépenses telles que les cigarettes, les cafés/thés, sodas, jeux de grattage, loto, viennoiseries, etc.

Petit exercice pour bien se rendre compte de l'argent que vous coûte ces habitudes. Donc notez sur votre cahier les informations suivantes afin de réaliser le calcul :

- Nature de l'achat : café, viennoiserie, cigarettes, etc. Faites plusieurs lignes avec les différents domaines d'habitudes.
- Coût de cet achat à l'unité.
- Combien de fois par mois ? Multiplier par 12 pour avoir votre coût de dépense par an.
- Depuis combien d'années avez-vous cette habitude ?
- Total des dépenses sur cette habitude depuis le début ?
- Pour pousser plus loin, vous pouvez même utiliser la calculatrice de simulation de placement de votre application bancaire afin de constater ce que vous auriez perçu en intérêts si vous aviez placé cet argent.
- Est-ce que ça vous convient ? Est-ce que vous souhaitez réduire ces dépenses ? Ou est-ce que vous souhaitez arrêter complètement cette ou ces habitudes ?

Bien évidemment, les résultats sont encore plus révélateurs pour les fumeurs, les addicts des jeux à gratter ou si ces habitudes se cumulent.

Le calcul de la dernière colonne est un peu fastidieux à faire à la main, donc afin de calculer l'argent que vous auriez pu percevoir, vous avez des calculatrices de simulation d'épargne sur Internet ou encore sur l'application de votre banque sur votre téléphone.

Est-ce que vous vous doutiez du montant perdu généré par ces petits achats d'apparence inoffensive ?

C'est bien connu, nous sommes notre pire ennemi, donc quand vous aurez réduit, remplacé ou arrêté ces petits achats, placez l'équivalent directement sur votre épargne. Et pour vous éviter d'avoir à y penser et d'oublier, mettez en place un virement permanent auprès de votre banque, ou de votre application bancaire, et le tour est joué.

Réactualisez également votre prévisionnel sur votre support de compte personnel.

Vous pouvez utiliser la **méthode de nos grands-mères** qui a largement fait ses preuves. Eh oui, simple et efficace. Comme j'aime !

Il vous « suffit » de faire un retrait pour chaque poste de dépenses aléatoires en début de mois, et de les placer dans une enveloppe estampillée du poste de dépenses voulues, et bien sûr, il faut tout mettre en œuvre pour ne pas dépasser.

Le cerveau a souvent du mal à assimiler l'argent dépensé lorsqu'on paie en carte bancaire. C'est abstrait. Un peu comme si on payait nos achats avec des billets de Monopoly. Alors qu'en espèces, le cerveau réalise beaucoup plus facilement.

Par exemple, mettez vos 400 € (ou le montant que vous aurez défini dans votre budget) de courses alimentaires dans une enveloppe. Reste juste à indiquer dessus « Courses ». Faites de même pour l'enveloppe « Loisirs », et vos autres dépenses aléatoires. Et votre mission si vous l'acceptez, c'est de faire le mois avec uniquement le contenu de chaque enveloppe.

Pour éviter le risque de vol, vous pouvez faire des retraits pour les enveloppes à la semaine.

Si vous avez une sortie de prévue, restaurant ou autre, prenez la somme maximum que vous avez prévu de dépenser ce soir-là, et **laissez votre carte bancaire bien au chaud chez vous**. Vous serez vigilant, et vous êtes sûr de ne pas dépasser la somme définie au préalable puisque vous ne céderez pas outre mesure. Cela vous obligera également à choisir votre menu en fonction de la somme définie.

Programmez-vous une ou plusieurs journées **0 dépense chaque semaine**. Organisez-vous pour n'avoir rien, absolument rien à dépenser durant toute une journée. Cette journée, vous l'aurez définie au préalable et vous n'aurez plus qu'à vous y tenir. Prévoyez votre panier-repas pour le midi par exemple. Allez vous promener dehors à la place du cinéma ou d'un apéritif en terrasse, etc.

Ne pas acheter ce que vous ne pouvez. Si vous ne pouvez pas vous payer cinq fois l'objet à l'instant « T », c'est que c'est au-dessus de vos moyens… pour le moment en tout cas.

Par exemple, si vous voulez vous acheter une pomme, il y a de grande chance que vous puissiez en acheter cinq, donc vous pouvez vous le permettre. Par contre, si vous voulez vous acheter une télévision à 800 €, il faut que vous puissiez en acheter cinq au total. Bien évidemment, ne le faites pas, mais si vous avez sur votre compte 4 000 € (= 800 × 5), alors cette règle vous dit que vous pouvez vous le permettre. Si ce n'est pas encore le cas, économisez, et ensuite vous pourrez vous acheter votre télévision. En plus, le prix aura certainement baissé d'ici quelques mois, donc c'est tout bénéfique pour vous.

Attention toutefois à tenir compte de vos projets et de vos dettes. Évitez de faire cet achat si vous devez 500 € à votre grand-tante Huguette ou à votre voisin.

Quand vous faites vos courses, **comparez les prix au kilo** ou au litre de chaque catégorie de produits et faites votre choix. Si vous comparez uniquement les prix des différents produits similaires, ce ne sera pas juste car ils auront forcément des quantités différentes et là, à moins d'être super doué en calcul mental, c'est compliqué pour s'y retrouver…

Faites **attention aux fausses promotions** de têtes de gondole. Eh oui, bizarrement les prix au kilo sont souvent plus élevés sur les produits en tête de gondole, que le même produit en rayon. Si vous cherchez les prix les plus bas, ils se trouvent généralement au milieu du rayon et sur les étagères du bas. Donc, ayez l'œil.

Imposez-vous la règle de **ne rien acheter au-dessus de 10 € le kilo**. Exercice un peu compliqué au début, mais résultats garantis sur votre budget.

Divisez par deux la quantité de produit que vous avez pour habitude d'utiliser : dentifrice, lessive, etc. Je vous promets que ça lave aussi bien.

Prenez toutes ces astuces et conseils comme un jeu, et vous verrez rapidement les résultats positifs sur votre compte bancaire. C'est promis. Il ne peut pas en être autrement si vous appliquez ne serait-ce que le tiers de ce que vous lirez ici.

Au début, c'est votre état d'esprit face à vos dépenses et à ce que vous pensez que vos achats renvoient de vous qui sera déstabilisant. Mais avec de la pratique, tout ira pour le mieux dans le meilleur des mondes.

Si vous pensez que votre valeur intrinsèque ne dépend que de la valeur de ce vous achetez, ce sera plus long, mais je sais que vous y arriverez car vous avez de la valeur quelle que soit votre voiture, votre maison ou votre montre.

« Soyez riche, plutôt que d'avoir l'air riche ! »

À quoi pourrait ressembler votre budget ?

Chacun a une situation qui lui est propre, une composition familiale différente, des revenus différents, des charges différentes, etc.

Vous pouvez choisir parmi les règles ci-après afin d'optimiser votre budget, ou choisir la solution trois directement en fonction de votre situation. Ou encore faire votre propre répartition et vous fixer des objectifs qui vous semblent réalistes.

Libre à vous également, de partir sur un premier objectif, et de l'intensifier par la suite. Le but étant de répartir en 2 ou 3 catégories votre budget dépenses, par rapport à vos revenus.

Je m'explique, vous appliquerez les pourcentages indiqués, au montant de vos revenus. Et vous saurez exactement combien placer sur votre épargne. Et le pourcentage à placer sur votre épargne devra être votre première opération qui suit le versement de votre salaire, et cela, chaque mois.

Il y a trois bonnes raisons de programmer un virement sur son épargne.

La première est simple, tout le monde a tendance à payer ses factures encore et toujours, on adapte nos petites dépenses en disant « j'en ai marre, j'ai le droit de me faire plaisir et puis de toute façon ce n'est que 5 €, 10 € ». Donc on s'en fiche, et on laisse aller. Eh oui, les petits ruisseaux font les grandes rivières.

On se retrouve sans épargne, pour des achats compulsifs que l'on ne peut même pas revendre en cas de difficultés, ou qu'on ne veut plus voir chez soi. Et ça entraîne un cercle vicieux qui fait qu'on n'a pas d'épargne pour les factures imprévues, ni pour ce qui nous importe vraiment.

La frustration grandit, donc on laisse ses comptes partir à vau-l'eau en se disant que perdu pour perdu, à quoi bon... et le jour où on a des dépenses imprévues, on a recours au prêt, à l'autorisation de découvert et encore au paiement en plusieurs fois. Et permettez-moi de vous dire que c'est encore plus frustrant de devoir se restreindre encore davantage, et ce pendant plusieurs mois. Sans compter les intérêts et les agios...

Bref, ça coûte cher financièrement et émotionnellement ! Alors que si vous appliquez votre répartition de budget, vous serez serein quoi qu'il arrive.

La deuxième raison : vous n'en avez pas assez de payer tout le monde, et pas vous ? De travailler uniquement pour payer vos factures, payer la banque, le supermarché, etc., et finalement, ne faire que survivre... Alors que si vous vous payez en premier, oui vous allez vous restreindre sur l'achat de quelques babioles superflues, mais vous pourrez payer vos factures et économiser les frais liés aux impayés.

La troisième raison est que vos projets, quels qu'ils soient, méritent que vous y consacriez de l'attention. Vous méritez de les réaliser ! Enfin, sauf si vous ne le souhaitez pas vraiment ?! Bon, je vous taquine, mais la question mérite d'être posée. Ce ne sera pas facile, mais il faudra d'abord changer votre état d'esprit face à l'argent.

Les solutions suivantes sont classées de la plus « facile », à la plus optimisée, à vous de choisir celle qui vous convient le mieux pour commencer, quitte à monter en puissance par la suite.

Une « épargne 1, 2, 3... » : si vous avez peur de ne pas pouvoir passer du « zéro épargne », à 10 % d'épargne, vous pouvez faire 1 % de vos revenus sur votre épargne pour commencer, puis 2 %, puis 3 %, puis 4 % et ainsi de suite...

Ainsi votre cerveau fera la transition sans douleur et vous épargnerez doucement mais sûrement.

« Je mets 10 % de mes revenus sur mon épargne » : faites le calcul des 10 % de votre salaire. En début de mois, dès que vous touchez votre salaire, programmez un virement permanent de ces 10 % sur votre épargne. C'est ce qu'on appelle « se payer en premier » selon les termes de Robert T. Kiyosaki dans l'un de ses ouvrages les plus connus dans le domaine, Père riche, père pauvre.

Ex. : admettons que votre revenu soit de 1 000 €.

1 000 × 10 = 10 000

10 000/100 = 100 €

Vous pouvez donc faire un virement de 100 € en début de mois sur votre épargne.

On peut également épargner la somme qui reste en fin de mois, mais par expérience, on a tendance à tout dépenser... Donc il vaut mieux utiliser cette façon de faire.

Une fois ces 10 % mis de côté, vous devez vivre avec les 90 % restants, soit 900 € pour cet exemple.

« **J'applique la loi de Pareto : 20/80 %** » : 20 % pour votre épargne et 80 % pour votre quotidien.

Ex. : votre revenu est toujours de 1 000 €.

1 000 × 20 = 20 000

20 000/100 = 200 €

Vous placerez donc 200 € sur votre épargne, et vos dépenses du mois devront être de maximum 800 €. La répartition des pourcentages est différente, mais le principe est exactement le même que pour le premier point.

« **J'applique la loi du 50/20/30 %** » : cette règle nous dit qu'il faut que notre budget mensuel soit défini comme suit :

50 % de nos revenus pour les charges fixes (prélèvements, loyer, électricité, assurance, etc.)

20 % de nos revenus pour nos dépenses du quotidien (courses alimentaires, carburant, habillement, etc.)

et 30 % de nos revenus sur notre épargne.

Ex. : si les revenus sont toujours de 1 000 € par mois.

1 000/2 = 500 € pour vos dépenses fixes

1 000 × 20 = 20 000

20 000/100 = 200 € pour vos dépenses variables

1 000 × 30 = 30 000

30 000/100 = 300 € sur votre épargne

Mais surtout, une fois que vous aurez défini la stratégie qui convient le mieux à votre situation et à vos projets, n'en dérogez pas. Qu'il pleuve, qu'il vente, peu importe, **faites tout pour respecter votre budget**.

Et si vos rentrées d'argent ne suffisent pas, dans le paragraphe suivant, vous trouverez des solutions ponctuelles ou à plus long terme pour augmenter vos revenus.

Comment optimiser vos rentrées d'argent ?

Il y a deux axes de réflexion importants quand on parle d'optimiser les rentrées d'argent. Tout d'abord, il faut faire attention à notre façon d'agir sur notre rentrée d'argent actuelle, et si cela ne suffit pas, on peut/doit augmenter les revenus.

Tout d'abord, comment faire attention à notre rentrée d'argent actuelle ?

Si je vous demande quel est votre jour préféré dans le mois, vous allez me répondre le vendredi soir puisque c'est le week-end, mais êtes-vous sûr que c'est le seul ? Avez-vous pensé au jour de paie ?

Souvent on reste dans une sorte d'apnée plus ou moins consciente en fin de mois, vous savez la période juste avant la paie… et dès qu'elle est versée sur notre compte, c'est le soulagement ! Eh oui, et c'est à ce moment-là que souvent on commence les erreurs qui vont entraîner cette apnée de fin de mois… Alors qu'est-ce que l'on doit faire ou ne doit pas faire ?

Dès la réception de votre paie, payez-vous en premier, et mettez la somme définie au préalable sur votre épargne.

Il faut faire preuve d'autodiscipline et ne pas dépenser tout votre argent la première semaine dans les courses alimentaires, les divertissements, etc. Vous devez raisonner vos achats, et faire en sorte de ne pas avoir cet effet d'apnée de fin de mois. Pour cela, vous devez diviser la somme que vous avez définie pour les dépenses aléatoires, par semaine, et non tout dépenser en début de mois, et vous serrer la ceinture ensuite en attendant la paie.

C'est en étalant ces dépenses aléatoires raisonnablement que vous pourrez en profiter sans frustration même juste avant la paie. Ne le criez pas sur tous les toits car en général, c'est là qu'on est invité à sortir : cinéma, restaurant, etc., donc on évite les tentations, et les sollicitations amicales qui malmènent le budget.

En conclusion, on préserve notre argent durement gagné, on met la partie définie sur notre épargne, on stoppe littéralement la frénésie d'achats de début de mois, et on ne succombe pas à la tentation des propositions des vendeurs et des amis.

Sachez que c'est parce que vous dépensez au-delà de vos moyens en début de mois, que vous devez vous restreindre en fin de mois. Et c'est cette frustration de fin de mois, qui vous donne envie de « vous lâcher » dès que vous percevez votre rentrée d'argent. C'est un cercle vicieux.

Bon, une fois que vous avez calculé et préservé l'argent que vous gagnez actuellement, vous pouvez/devez augmenter vos revenus. Il n'y a pas 36 000 solutions pour augmenter ses rentrées d'argent, mais voici quelques idées afin de « mettre un grand coup de collier » et remettre ses comptes à flot, ou financer un projet cher à vos yeux.

Tout d'abord, définissez vos critères et vos contraintes dans un tableau comme suit :

- Avez-vous besoin de complément de revenus mensuel ? Ponctuel ?
- De combien avez-vous besoin en plus de vos revenus actuels par mois ?
- Quelles sont les plages horaires que vous pouvez y consacrer ?
- Lieux pour exercer : à votre domicile ou à l'extérieur ?
- Quel statut ? Salarié/indépendant/CDI/CDD/occasionnel ?
- Combien de temps pensez-vous exercer ce complément de revenus ?
- Souhaitez-vous une activité plutôt manuelle ou intellectuelle ?

Souvent on se dit, je n'ai pas le temps, je cours partout ! Et c'est une certitude, mais on fait aussi des choix qui ne sont pas positifs pour nous. Bien évidemment, on a tous des impératifs, mais la plupart du temps, on ne se rend pas compte du temps qu'on perd... notamment devant la télévision par exemple...

Il faut donc faire des compromis avec vous-même et agir en fonction de vos objectifs et de ce qui est réellement important et prioritaire pour vous.

Vous savez, si on prend notre semaine de travail, on dort 8 h, on travaille 8 h, on peut avoir 2 h de transport et 3 h de repas par jour. Il reste donc 2 h par jour de disponible, et sur 5 jours, ça fait 10 h par semaine (hors week-end), qu'en faites-vous ? Et le week-end ? Vous avez les activités avec les enfants, le ménage, votre sport, etc.

Bien sûr, on a tous des plannings et des contraintes différents, donc à vous de faire votre propre planning en alliant impératifs et détente raisonnés. Hachurez les zones d'impératifs non négociables tels que votre travail principal, le sommeil, etc., et fixez-vous des plages horaires de détente et de disponibilité pour travailler au développement de vos projets. Je vous laisse remplir ces prochaines lignes.

Votre horloge de disponibilité sur vos jours de travail :

Je suis disponible de ....h....... à ....h...... en semaine = ...h..... par jour de semaine.

Votre horloge de disponibilité sur votre samedi :

Je suis disponible de ....h....... à ....h...... le samedi = ...h..... tous les samedis.

Votre horloge de disponibilité sur votre dimanche :

Je suis disponible de ....h....... à ....h...... le dimanche = ...h.... tous les dimanches.

Notez votre résultat sur votre cahier. Alors est-ce vous vous attendiez à ce résultat ? Une fois que vous y voyez plus clair sur ce que vous êtes prêt à faire, ou pas, je vous laisse examiner les solutions suivantes.

Voici donc les différentes options qui s'offrent à vous. Si vous ne travaillez pas actuellement, je ne saurais que trop vous conseiller de **trouver un premier emploi.** Je sais, vous allez me dire que vous avez essayé, que vous êtes en pleine recherche mais que ça n'a pas fonctionné pour le moment. Si c'est le cas, orientez-vous vers un conseiller France Travail, une agence d'intérim ou encore un cabinet de recrutement.

Afin que tous vos efforts soient enfin récompensés, vous pouvez également faire appel à des associations qui pourront vous aider à être plus performant lors de vos entretiens d'embauche. Que ce soit sur votre présentation, votre éloquence, ou encore sur la présentation de votre curriculum vitæ et lettre de motivation, etc.

Faites des **heures supplémentaires payées** à votre travail si vous le pouvez.

Choisissez de **travailler de nuit**, ou le dimanche, car c'est mieux rémunéré dans la majorité des branches professionnelles. Le dimanche travaillé peut être payé double et les nuits peuvent être majorées de 30 %.

Demander une augmentation à votre patron. Préparez au préalable des arguments qui font que votre travail mérite une augmentation : nouvelles tâches non indiquées dans votre fiche de poste, surcharge de travail, etc. Vous pouvez également demander si vous avez le droit à la prime d'ancienneté de 3 % dès lors que vous avez 3 ans d'ancienneté, car certaines sociétés le font.

Débloquer votre participation, intéressement auprès de votre entreprise afin de rembourser vos dettes si vous avez ce genre d'avantage auprès de votre société. Je conseillerais cette solution si, et uniquement si, vous êtes vraiment dans l'embarras, et que vous êtes certain de ne pas replonger dans la spirale infernale des dépenses à l'excès une fois débloqué. Généralement, les motifs de déblocage sont le surendettement, ou la fin des cinq ans de blocage de la somme. Les deux autres raisons sont un achat immobilier et la naissance du troisième enfant.

Faire la simulation afin de savoir si vous avez droit à la **prime pour l'emploi**.

Trouver un emploi d'appoint en tant que salarié sur votre temps libre (ex. : être serveur(se) le soir et le week-end, jouer les taxis : attention, c'est très réglementé). Attention également à être en accord avec votre contrat de travail initial. Certains contrats de travail stipulent qu'il est interdit d'avoir un autre emploi, ou qu'il faut que vous informiez votre employeur de ce second emploi. Vous pouvez par exemple vous orienter vers des agences d'intérim, usines, etc. Ils sauront vous faire un planning à la carte.

Trouver un emploi d'appoint en tant qu'indépendant sur votre temps libre. Vous pouvez développer une activité sur Internet telle que : rédacteur web, dropshipping, blog rémunéré par de la publicité ou de l'affiliation, etc.

Si vous n'êtes pas très à l'aise sur le Net, vous pouvez également être **vendeur indépendant à domicile**. Vous savez les réunions que vous faites à domicile pour vendre des jeux de société, des « boîtes hermétiques », lingerie, robot ménager, bijoux, cosmétique, etc., il y en a pour tous les goûts, donc à vous de choisir si c'est une activité qui vous attire et qui correspond à vos critères.

Vous pouvez également **devenir modèle** vivant pour des écoles d'art (dessin, sculpture, peinture). Rassurez-vous, vous n'avez pas besoin d'avoir le corps digne du panthéon grec pour pouvoir être modèle.

Rendre des services pour quelques dizaines d'euros : baby-sitting, cours particulier à des adolescents ou enfants de votre ville, traduction de documents, taille de haie, pose de papier peint, ménage, repassage, etc. Tout dépend de vos aptitudes, et il y en a pour tout le monde. Vous avez là aussi des sites qui vous permettent de rendre des services rémunérés.

Vendre tout ce qui vous encombre chez vous, et dont vous n'avez plus l'utilité : vêtements, chaussures, bijoux (or, argent, plaqué, toc), meubles, anciens téléphones portables, appareils vidéo, appareils ménagers, bibelots, etc. En résumé, tout ce dont vous ne vous servez plus ou que vous avez en double. Eh oui, vous êtes vraiment sûr d'avoir besoin d'une télévision dans chaque pièce ?

Tout se vend, juste le prix de vente change. Même si vous avez des objets cassés ou abîmés, il y aura sûrement des acheteurs, mais comme je vous le disais, il vous faudra adapter le prix à l'état du bien vendu et le préciser sur l'annonce.

Il y a même des acheteurs/vendeurs de rouleaux de papier toilette vides ! Les personnes s'en servent pour des loisirs créatifs. Donc, on décomplexe le fait de vendre. On propose, ils disposent !

Pour vous débarrasser de vos vieilles affaires, vous avez : les brocantes, les vide-greniers, les dépôts/vente, les sites Internet, etc.

Afin de vendre bien et rapidement : fixez un juste prix, mettez en valeur votre bien en le nettoyant, faites des photos de qualité (prenez-les en plein jour, avec un fond épuré, uniforme, et de préférence blanc ou noir), précisez l'état de l'objet (dimensions, et s'il est abîmé, à quel niveau, impeccable, dans l'emballage, etc.), faites des lots pour les objets que vous avez en quantité (ex. : livres, DVD, CD, vêtements...).

Vendre vos créations : il vous est possible de vendre vos photos, dessins, sons, chansons, poésie, livres, etc., via des sites qui monétiseront vos œuvres.

Vendre votre véhicule et en acheter un moins cher, moins cher à l'achat, et moins gourmand en carburant. Tout comme pour vos objets à la maison, un bon coup de propre (intérieur et extérieur) s'impose afin de vendre au meilleur prix. De belles photos pour vendre sur Internet, et stationner la voiture dans un endroit passant avec des affichettes sur le pare-brise arrière et les fenêtres arrière de votre véhicule et le tour est joué. Attention toutefois à votre visibilité pour la conduite.

Vendre votre véhicule si vous pouvez vous en passer. Peut-être pouvez-vous le remplacer par un vélo ? En plus, vous économiserez la salle de sport, c'est tout bénéfice pour votre portefeuille. Et si vous avez deux ou trois véhicules, vous pouvez peut-être en vendre un ou deux. Il vous faudra réfléchir sur vos vrais besoins en termes de transport, et à des solutions pour pallier cette vente. Vous aurez empoché le prix de la vente, et en plus, vous économiserez les frais d'entretien et d'assurance liés au véhicule.

Créer ou rénover des biens : vous pouvez créer des bijoux, des vêtements, etc., ou rénover des meubles par exemple, et les revendre à des particuliers ou des professionnels.

Vendre vos « déchets » : saviez-vous qu'il existe des sociétés qui rachètent les cartouches d'encre de votre imprimante ? Eh bien maintenant, vous le savez.

Penser aux parrainages banque en ligne : si vous ne le savez pas encore, sachez que lors de votre ouverture de compte dans une banque en ligne, vous percevrez en général 80 € en « remerciement ».

Si vous avez déjà opté pour une banque en ligne, savez-vous que vous pouvez en faire un revenu complémentaire ?

Eh oui, j'imagine que vous vous souvenez de la somme que la banque vous a offerte pour vous remercier pour votre ouverture. Eh bien, vous pouvez également percevoir de l'argent si vous parrainez d'autres personnes pour leur ouverture de compte dans le même établissement. Sachez que vous percevrez en moyenne 160 € par ouverture de compte qui viendra de votre part. Vous pourriez faire 10 parrainages par mois, et ça représenterait 1 600 €/mois... C'est une somme coquette, surtout si vous la réitérez tous les mois.

Utiliser les sites de « Cash back » : en passant par ces sites pour faire vos achats, ils vous reversent un pourcentage de vos achats. Ces petits sous s'accumulent et vous pouvez, soit les dépenser, soit les virer sur votre compte. C'est à décider en fonction de votre situation et de vos objectifs.

Vous avez, par ailleurs, la possibilité de parrainer d'autres personnes et vous en serez récompensé.

Ces sites peuvent être une bonne chose, mais attention à les utiliser en cohérence avec vos objectifs.

À utiliser uniquement pour des achats nécessaires, reverser les gains sur votre épargne, et le tour est joué. Le tout est de ne pas tomber dans le piège du « c'est pas cher, il faut acheter, peu importe ce que c'est ».

Si vous avez une voiture en bon état, et que vous circulez beaucoup, ou que vous êtes régulièrement stationné avec une bonne visibilité, vous pouvez vous servir de votre **voiture comme support publicitaire** et vous faire jusqu'à 300 €/mois.

Louer votre logement pour un tournage de film. Attention toutefois à avoir l'autorisation de votre propriétaire si vous êtes en location, et à l'assurance de la production en cas de casse.

Louer une chambre, une cave, une place de parking ou un garage vacant à votre domicile, ou encore votre jardin afin que des campeurs puissent y planter leur tente. Vous pouvez également voir pour y louer un espace publicitaire si vous êtes en maison et dans une rue passante.

Répondre à des sondages (beaucoup de temps pour peu de rémunération selon moi, mais ça vous permet de rester au chaud à la maison, et de travailler à l'heure que vous souhaitez). À privilégier pour les insomniaques qui veulent rentabiliser ce temps peut-être…

Devenir testeur de produits et services (repas préparés, cosmétiques, etc.) : beaucoup de sociétés cherchent des personnes afin de tester les produits et services qu'elles vont bientôt commercialiser. Grâce à ces testeurs, elles recueillent les avis des consommateurs et effectuent, ou non, des modifications dans le but de distribuer des produits et services qui vont bien se vendre. Généralement le produit/service testé est gratuit et il y a un dédommagement pour le temps qui vous y avez consacré.

Attention toutefois à ne pas dépasser les 3 000 €/an pour ce type de revenus, car c'est la limite fixée par l'État. Le montant sera à vérifier si toutefois la loi avait changé entre-temps.

Devenir client mystère : les sociétés ont besoin de clients mystères afin de connaître le degré de satisfaction et d'insatisfaction des clients. Et grâce à ces retours, ils peuvent améliorer leur qualité de service clientèle.

Mettre en place des « revenus passifs » : si vous êtes vraiment dans l'embarras financier, il faudra d'abord stabiliser votre situation et ensuite, vous pourrez passer à cette solution. Si vous êtes dans une situation stable à ce jour, cette solution pourra être mise en place seule, ou en complément d'autres actions.

Tout d'abord, qu'est-ce qu'un revenu passif ? On désigne ainsi un revenu provenant d'une action/achat/placement que vous avez fait auparavant, et qui nécessite peu ou pas de temps de votre part. C'est le contraire d'un travail qui nécessite d'échanger son temps contre de l'argent.

Plusieurs actions peuvent vous procurer des revenus passifs telles que : la location de bien immobilier (studio, appartement, maison, colocation, parking, box, etc.), la location de votre voiture sur une durée limitée à des particuliers..., la rédaction d'un livre, la Bourse qui peut vous rapporter des dividendes, le crowdlending qui vous permet d'investir dans des start-up ou PME, etc. Créez votre société, ou votre site de vente en ligne ou faites de l'affiliation sur Internet (c'est le fait de promouvoir un produit ou service en ligne. Vous percevez un pourcentage de rémunération sur ce qui a été vendu grâce à vous), etc.

Si vous avez un **chien ou chat LOF et non castré**, peut-être pouvez-vous lui faire faire une saillie. Vous pourrez ensuite vendre les chiots/chatons après sevrage. Attention à ne pas trop vous attacher, car l'objectif est de les vendre sinon ils seront à votre charge et là, bonjour le gouffre financier de ces petites boules de poils.

Oui, je sais, avoir un second job, c'est contraignant, mais quand on a le compte qui a viré au rouge depuis longtemps et que les huissiers vous appellent plus souvent que votre mère, il faut se relever les manches une bonne fois pour toutes et trouver des solutions efficaces et rapides. On n'a rien sans rien.

Si vous cherchez à financer votre rêve, plus vous mettez les bouchées doubles, et plus vous pourrez accéder à votre réalisation rapidement.

Le deuxième avantage d'avoir un deuxième emploi, c'est que pendant que vous travaillez, vous n'avez pas le temps de dépenser de l'argent. C'est double bénéfice.

Si votre situation financière et le délai pour vos projets vous le permettent, demandez-vous ce que vous pouvez faire afin d'augmenter la valeur de votre taux horaire sur le marché du travail. Autrement dit, si à ce jour, vous êtes rémunéré à 10 € de l'heure, demandez-vous ce que vous pouvez faire dans votre domaine, dans le but de vous faire rémunérer à 15 € de l'heure et ainsi de suite… Si vous êtes à 15 € de l'heure, demandez-vous ce que vous pouvez faire pour arriver à 18 € ou 20 € de l'heure et ainsi de suite…

Pourquoi et comment tenir vos comptes en 10 minutes par semaine ?

Le but est de vous aider à faciliter la gestion de vos comptes au quotidien. 10 minutes par semaine, ça vous semble faisable ? Je vous explique comment faire.

D'abord, quels sont les avantages de tenir ses comptes régulièrement ? Vérifier ses comptes, c'est 10 % d'économies sur votre budget mensuel. Votre cerveau intègre votre situation à l'instant « T », et sera moins tenté que si vous ne faites pas vos comptes.

Vous savez donc où vous en êtes et vous faites vos achats sans peur que votre carte bancaire ne passe pas, vous avez des comptes sains, une épargne grossissante, et du coup, c'est le banquier qui va vous faire des courbettes. Fini les fois où vous êtes arrivé dans son bureau comme si vous aviez fait une bêtise devant le directeur de l'école primaire. Vous n'avez plus la boule au ventre à l'idée que le banquier vous appelle parce que vous connaissez le montant des opérations faites et pas encore débitées, donc vous connaissez votre solde réel, et surtout, vous vérifiez rapidement s'il y a eu un piratage de carte bleue. Si c'est le cas, vous pouvez faire le nécessaire au plus vite et éviter d'autres opérations frauduleuses, mais surtout, vous faire rembourser par l'assurance de votre banque. L'argent est suffisamment dur à gagner pour se le faire voler, vous ne trouvez pas ?

Bref, peut-être un peu pénible à mettre en place, mais beaucoup d'avantages quand même.

Quand vous serez peut-être un peu lassé, découragé, visualisez vos rêves, vos objectifs : vous, sur une plage à Bora-Bora ? Vous dans votre nouvelle maison ? Vous sans les courriers de relance de vos créanciers ? Vous avec la fierté de vos enfants qui ont réussi un peu grâce à vous, etc.

> ***Idée créative***
> *Petit aparté à ce sujet, rien ne vous empêche de faire un tableau de visualisation. C'est un support où vous devez imager tout ce que représente l'atteinte de votre objectif. Quel que soit le support (une grande feuille, un tableau de liège ou une toile de peinture vierge...), vous pouvez y dessiner, y coller des images ou des photos ou tout ce qui vous fait penser à la réalisation de votre objectif. Une fois réalisé, placez-le chez vous de manière à l'avoir sous les yeux. Même quand vous n'y ferez plus attention, votre inconscient gardera le cap de l'objectif à atteindre.*

Le but est de se créer un tableau de bord de vos dépenses et il n'y aura plus qu'à les ajuster une fois par semaine en rayant ou en cochant les opérations qui ont été débitées, et en notant les opérations que vous avez faites et qui n'ont pas encore été débitées.

Pour ça, vous pouvez utiliser différents supports (tableau Word, Excel, papier, etc.), mais tout d'abord voyons ce qui doit s'y trouver.

Épargne « payez-vous d'abord »

Le but est de définir quel montant d'épargne vous pouvez mettre de côté chaque mois.

Il y a deux manières de procéder.

Soit vous le **programmez dès que vous percevez votre salaire**, et vous n'avez plus à y penser. C'est la solution que je vous conseille, même si ça ne vous empêche pas de faire un virement d'appoint en fin de mois si vous avez été un excellent gestionnaire et qu'il vous reste un solde créditeur en fin de mois.

Soit vous pouvez le faire **via l'application** de votre banque, ou directement à votre agence. Je ne vous cache pas que de se déplacer en agence risque de faire en sorte que vous n'y alliez pas, et que vous dépensiez cette somme. Et gloups, vous voyez partir en fumée vos objectifs et vos beaux projets.

Prélèvements

Il faut créer une ligne pour chaque prélèvement comme suit :

- Loyer : 600 €
- Électricité : 175 €
- Eau : 35 €, et ainsi de suite…

Les plus rigoureux pourront noter la date à laquelle les prélèvements sont débités sur le compte, et les noter par ordre chronologique. En cas de recherche, cela peut s'avérer extrêmement efficace, c'est du vécu.

Chèques en cours

Notez les chèques que vous avez faits, et qui n'ont pas encore été débités de votre compte.

Je tiens à préciser que pour que ça ne vous coûte pas un bras en frais de banque, et accessoirement être en accord avec la loi : vous devez avoir la somme sur votre compte et la laisser disponible lorsque vous faites un chèque, et ce, jusqu'à ce que celui-ci soit débité de votre compte.

De plus, soyez rigoureux et inscrivez toujours sur vos talons de chèques : la somme, la date, ainsi que l'ordre du chèque. En cas de fraude ou de recherche, vous pouvez réagir facilement et rapidement. Et en cas de problème, vous économisez les frais de recherches facturés par la banque.

Dépenses courantes ou dépenses aux montants aléatoires

Consacrez une ligne pour chaque poste de dépenses aléatoires, en notant des objectifs réalistes (ni trop élevés, ni trop bas) comme suit :

- **Courses alimentaires** : si je décide que je peux faire mes courses pour 50 € par semaine par exemple, alors je le note. Ainsi, je sais qu'en début de mois, j'aurai 200 € à 250 € (en fonction du nombre de jours dans le mois) de dépenses pour mes courses. Je peux donc les anticiper pour mon budget prévisionnel, et ça évite de se dire qu'il y a une grosse somme sur mon compte et que je peux m'acheter la dernière paire d'escarpins à la mode. Ou un jeu de console ou tout autre objet déraisonnable au vu de l'action en cours. N'est-ce pas, les *shopping addicts* ?
- Essence.
- Carte de transport.
- Garderie/cantine.
- **Budget « plaisir »** : on sait tous qu'on ne peut pas tenir sur le long terme si on ne se fait pas un petit plaisir de temps à autre, donc chacun doit définir une somme par mois à

ne pas dépasser et à utiliser comme bon vous semble pour un restaurant, un cinéma ou tout ce qui vous fera plaisir. Mais attention à ne pas le dépasser.

- Autres dépenses en fonction de vos besoins...

Si toutefois, certains postes tels que transport ou frais de garderie sont identiques d'un mois à l'autre, vous devez les faire passer en dépenses fixes.

Financement des charges à prévoir au long de l'année

On sait tous qu'on a des dépenses qu'il va falloir payer un jour ou l'autre. Ce sont souvent des sommes importantes et qui tombent généralement au mauvais moment. Il va donc falloir les prévoir au mieux afin de ne pas recourir à des prêts ou des paiements en plusieurs fois qui vous plombent la tête et le compte en banque.

Je parle des réparations de voiture prévisibles, révision de la voiture, contrôle technique, les cadeaux de Noël, l'échéance annuelle des assurances, des impôts fonciers, des taxes d'habitation, etc.

Par exemple, vous savez qu'en septembre, vous aurez 750 € à payer pour les impôts. Pour que ce soit le moins douloureux possible, il vous est possible d'épargner cette somme tout au long de l'année en divisant la somme due, et en la divisant par le nombre de mois qu'il vous reste avant échéance.

Ex. : admettons que nous soyons au mois de mars. Il reste donc 7 mois pour prévoir, et mettre cette somme de côté : 750/7 = 108 €.

Vous devez donc épargner 108 € tous les mois afin d'être serein pour le mois de septembre. C'est comme si vous étiez mensualisé, mais les intérêts créditeurs seront sur votre compte. Attention pour cet autre exemple, éloignez les jeunes enfants.

Admettons que nous soyons toujours en mars, vous savez qu'il faudra faire les cadeaux de Noël en décembre, il reste donc 9 mois pour économiser la somme souhaitée.

Admettons que vous avez un budget de 30 € par personne et par cadeau, vous devez faire 10 cadeaux, donc vous aurez besoin de 300 €.

Divisez 300 € par 9 mois qu'il vous reste avant Noël et vous savez qu'il va falloir que vous épargniez 34 € tous les mois d'ici là, afin d'atteindre votre objectif.

Adaptez les montants à votre situation. Mais si vous vous rendez compte que vous ne pouvez pas assumer le total des sommes prévisionnelles (ex. : 108 € d'impôts + 34 € de cadeaux de Noël, et ainsi de suite chaque mois), il va falloir réduire le prix de ce sur quoi vous avez la main. C'est-à-dire, les cadeaux de Noël dans ce cas précis par exemple.

Financement de projets (vacances, voiture neuve…)

Pour le financement de projet, c'est exactement la même chose. Calculez de combien d'argent vous avez besoin et de combien de temps vous disposez pour épargner cette somme. Une fois votre objectif défini, faites un prévisionnel comme indiqué ci-dessus. Attention tout de même à faire un plan d'action réaliste.

Si vous me dites que vous gagnez 3 000 € par mois et que vous voulez vous acheter une luxueuse voiture cabriolet dans 6 mois, et qu'à ce jour, vous n'avez aucune épargne, ça risque d'être difficile. Et ça va vous créer une frustration inutile. Donc, il serait raisonnable de prévoir l'achat de la voiture dans 2 ans par exemple.

Si votre projet est de rembourser tous vos crédits, faites-vous un prévisionnel réaliste de la même manière. Ça va dépendre de la somme que vous devez rembourser et de vos revenus.

Voici des astuces pour vous faciliter la vie

Vous pouvez, si vous le souhaitez et si ça vous simplifie la gestion de compte, ouvrir un compte courant pour vos prélèvements et un second pour vos dépenses aléatoires. Ainsi vous aurez simplement à virer la somme dont vous avez besoin en début de mois pour vos charges fixes sur cet autre compte, et ne plus vous en soucier durant le mois. Il vous faudra simplement gérer vos dépenses aléatoires sur le second compte, ce qui vous épargnera des calculs supplémentaires.

Attention toutefois, il faudra faire en sorte que votre premier compte ne vous coûte rien. Donc pas de carte bancaire et pas de frais de compte par la banque.

Afin de vous faciliter les calculs, et d'être sûr de n'avoir aucune mauvaise surprise, je vous conseille d'arrondir vos rentrées d'argent à l'euro inférieur et les sorties d'argent à l'euro supérieur. Vous gagnerez du temps sur vos calculs, ça limitera les risques d'erreurs, et en plus, il vous restera quelques centimes/euros en plus en fin de mois sans mauvaise surprise.

Les clés importantes de l'autodiscipline pour passer à l'action

> « *La définition de la folie, c'est de refaire toujours la même chose et d'espérer des résultats différents.* »Albert Einstein

Comme vous n'êtes pas fou et que vous avez conscience du problème, il est temps d'agir différemment, et surtout, efficacement.

Pour passer à l'action, il faut prendre une décision. Mais une décision n'est réellement prise que lorsqu'on passe à l'action. Aussi petit soit le premier pas, il faut avancer et faire un second pas, et ainsi de suite.

Combien de personnes a-t-on entendu dire « j'arrête de fumer », « je vais faire des économies pour un voyage » ou autre chose, ou « il faut que je perde du poids » ? Mais ces personnes passent rarement à l'action. Et si elles passent à l'action, il est rare que cette décision soit suivie dans le temps.

Tout simplement parce que ces personnes ne transforment pas cette « envie » en « obligation ». Mais aussi parce qu'au début, on veut trop faire de modification d'un coup, alors que si on procède petit à petit, c'est nettement plus facile pour notre cerveau d'accepter les changements. Et une fois le changement mis en place, il est temps d'augmenter les efforts petit à petit. C'est l'effet cumulé[1].

1 Darren Hardy, L'effet cumulé, Diateino, 2020.

Mais pour transformer cette envie en obligation, il faut que vous trouviez vos motivations, des motivations fortes. Vos motivations !

Si je vous demande d'arrêter de manger du sucre durant 1 an, il y a de grandes chances que vous me répondiez non. Par contre, si je vous dis d'arrêter de manger du sucre sur 1 an, et qu'à la fin de cette année sans sucre, je vous donne 10 millions d'euros. Quelle serait votre réponse ? Il y a des chances qu'elle soit positive. Tout simplement, parce que vous avez trouvé une raison forte pour vous.

Oui, c'est difficile, pour tout le monde. Quelles que soient vos dettes, ou vos revenus, c'est difficile. Comme tout changement.

Mais si votre décision est prise, alors, faites ce qu'il faut, pour vous, pour vos objectifs. C'est toujours le début qui est inconfortable. Et si vous ne lâchez rien, la vie sera tellement plus agréable avec vos objectifs et rêves réalisés. Vous ne pensez pas ?

Qu'allez-vous mettre en place concrètement pour atteindre vos buts fixés ? Notez-le sur votre cahier pour y revenir plus tard et je vous invite à faire appel à un coach spécialisé si besoin.

Pour résumer ce chapitre, je dirais que rien ne sert de courir, il faut partir dans la bonne direction et gravir les marches l'une après l'autre, donc il n'y a plus qu'à optimiser ses dépenses fixes, puis ses dépenses aléatoires, et augmenter ses revenus. Ce ne sera pas forcément simple ni rapide, à la fin, ce sera un plaisir de gérer votre argent sereinement. Ce sera complètement naturel puisque vous saurez presque instinctivement où vous en êtes et si X dépenses plaisir est possible sans remords.

Chapitre 4

Désagréments bancaires et leurs solutions !

Bien souvent on entend parler des frais bancaires comme si c'était une injustice sans nom alors que les règles du jeu sont affichées clairement. Allez demander à un gendarme ou un policier si c'est injuste de payer une amende alors que le conducteur et son véhicule sont passés à 160 km/heure au lieu de 130 ? Ici c'est la même chose.

Voici donc les explications et les conseils pour les comprendre et ne pas en avoir.

Frais bancaires

On le sait tous, le but est de les éviter, et pour ça, il faut pouvoir anticiper au maximum les petits décalages de trésorerie. Plus facile à dire qu'à faire, me direz-vous...

Pour beaucoup, faire ses comptes n'est pas très agréable, mais c'est nécessaire. Au même titre que laver la vaisselle, laver son linge ou passer l'aspirateur. Une bonne organisation vous permettra de rendre l'action simple, ludique et rapide. Vous saurez exactement si ça va coincer et vous pourrez prévenir votre banquier et trouver des solutions ensemble.

Attention toutefois à assumer les responsabilités de vos dépenses, car votre banquier n'est pas magicien et doit respecter le règlement de son employeur.

Par frais bancaire, on entend ici les commissions d'intervention, les frais de rejet qui sont pris sur votre compte telle une amende de stationnement. Vous dépassez, vous payez. Le principe est le même.

Vous avez également les intérêts débiteurs qui sont prélevés de manière trimestrielle et qui correspondent aux frais d'utilisation de votre découvert sur la période. Sous cet intitulé se trouvent aussi les frais d'assurance ou de carte bancaire, mais ce sont des frais fixes qui payent un service précis et régulier.

Concernant les frais « évitables », qui sont également les plus coûteux, se trouvent donc les commissions d'intervention qui sont facturées lorsqu'une ou plusieurs opérations se présentent sur un compte qui n'est pas suffisamment approvisionné.

Les frais de rejet s'additionnent aux premiers et sont débités lorsque le solde du compte n'a pas permis le paiement des opérations.

Comment ne pas avoir de frais bancaires (commissions d'intervention, etc.) ?

Comme on vient de le voir, les frais bancaires, ici, sont les frais qui vous sont débités en cas de mauvaise gestion de compte tels que : les commissions d'intervention (quand des opérations débitrices arrivent sur votre compte alors que vous n'avez pas la provision), les frais de rejet, les intérêts débiteurs trimestriels...

Je ne parle pas des opérations que vous avez vous-même engagées. Il y a deux façons de ne pas avoir de frais bancaires :

- **La première façon d'éviter les frais bancaires**, c'est de respecter son autorisation de découvert, et/ou de ne pas l'utiliser du tout. Si vous restez dans votre autorisation de découvert, vous éviterez les commissions d'intervention, ainsi que les frais de rejet. Et si vous arrivez à ne pas utiliser du tout votre autorisation de découvert, vous économiserez en plus les prélèvements des intérêts débiteurs trimestriels.
- **La seconde façon d'éviter les frais bancaires, ou tout du moins, de les limiter**, c'est de prévenir votre conseiller bancaire dès que vous voyez que vos dépenses risquent de dépasser vos capacités de compte.

Votre conseiller sera à même de vous dire s'il peut faire quelque chose ou non pour limiter les complications. Si vous ne faites rien, vous aurez les frais au prix fort quoi qu'il arrive.

L'autorisation de découvert/facilité de caisse ou de trésorerie

D'après une étude de Panorabanques, 24 % des Français sont à découvert tous les mois. Et 60 % des Français ont dépassé au moins une fois le montant autorisé de leur découvert l'année de l'écriture de ce livre.

C'est presque devenu normal, et pourtant, une gestion qui implique du découvert est coûteuse et fragilise encore plus les foyers précaires. C'est comme « jouer » à l'équilibriste au bord d'une falaise sans en avoir les compétences.

Tout d'abord, qu'est-ce qu'une autorisation de découvert ?

L'autorisation de découvert correspond à un montant de débit qui peut vous être autorisé par la banque. En d'autres termes, c'est quand vous dépensez l'argent de la banque. Et tout comme pour un prêt, puisque c'est un prêt finalement, la banque vous facture des intérêts. Donc c'est loin d'être gratuit. En général, le taux tourne autour de 19 %. Sachez que la banque n'a aucune obligation de vous l'autoriser. Donc soyez vigilant, et si vous ne pouvez pas faire autrement, contactez votre conseiller bancaire afin d'essayer de trouver une solution avec lui.

La banque se base sur vos revenus, afin de calculer le montant autorisé. Par contre, elle ne tiendra pas compte de vos rentrées d'argent telles que France Travail, Caf, APL, etc. En effet, ces rentrées ne sont pas saisissables par la banque en cas de non-remboursement de votre part. En revanche, la banque a l'obligation de vous prévenir par écrit s'ils vous la retirent, sans quoi ils sont en tort. Eh oui, nous avons tous des droits et des devoirs.

Donc comme je vous le disais, cette facilité est un crédit, et c'est donc facturé sur votre compte. Vous savez, c'est ce qui est débité sous l'appellation « intérêts débiteurs trimestriels ».

Et là où ça empire, c'est si vous dépassez ce montant autorisé. Par exemple, vous avez une autorisation de découvert de 500 €, la banque vous autorise donc à avoir un solde négatif de – 500 € maximum. Mais ce n'est pas gratuit comme on vient de le voir, et ce n'est pas non plus une obligation. Il faut s'en servir le moins possible et ne l'utiliser qu'en cas de problématique financière passagère.

Mais quand on dépasse notre montant de découvert autorisé, là, c'est la pluie de frais qui tombe sur le compte. À chaque fois que vous aurez une opération qui se présente au-delà de ces 500 €, vous aurez 8 € prélevés sur votre compte, et cela pourra aller jusqu'à l'interdiction d'émettre des chèques, la mise en opposition de votre carte bancaire et la résiliation de votre autorisation de découvert… et là, c'est la galère.

8 € ce n'est pas grand-chose ? OK, alors faisons le calcul d'un scénario catastrophe :

- Imaginons que 10 opérations se présentent sur votre compte en dépassement = **80 € de commissions d'intervention.**
- Ces 10 opérations sont toutes refusées = **200 € de frais de rejet prélèvements.**
- Et si ces 10 opérations sont des chèques de 50 € ou plus = **500 € de frais de rejet de chèques.**
- Plus les intérêts débiteurs trimestriels.

Donc si vous ne faites pas attention, cela peut vous coûter entre 280 € et 580 € juste pour ce mois-là.

Ce calcul est un peu simpliste, car les banques ont des plafonds maximums de frais à ne pas débiter sur les comptes des clients, mais vous avez compris le principe. Vous ne pensez pas que vous pourriez faire des choses beaucoup plus plaisantes avec cette somme ? Même si l'autorisation de découvert facilite parfois la gestion de nos comptes, ce ne doit pas devenir une habitude de l'utiliser.

Pour résumer, le taux est très élevé, quasiment celui d'un revolving (voir ci-après) et c'est ce que vous ne pourrez pas utiliser le mois d'après, si vous voulez régulariser la situation. Parce que oui, vous utilisez l'argent de la banque pour faire vos achats, mais c'est aussi vous qui devrez vous priver le mois d'après afin de rembourser votre découvert. En bref, vous commencez déjà à dépenser votre salaire du mois d'après. Et ça vous coûte extrêmement cher. Mal gérer, ça peut vite tourner au désastre. Il faut donc y faire très attention.

Vous pouvez également être redevable d'intérêts débiteurs si vous avez déposé un chèque pour créditer votre compte, et que vous n'avez pas attendu les 3 jours de date de valeur pour les dépenser.

Qu'est-ce qu'une date de valeur ? Elle désigne la date à laquelle l'argent que vous venez de déposer est réellement disponible sur votre compte. Si vous utilisez cet argent avant qu'il ne soit disponible, ces intérêts seront dus. Vous pouvez vérifier cette date en consultant vos comptes en temps réel, soit sur votre application, soit sur le site de votre banque.

Trois solutions pour rembourser votre découvert

Après tout ça, si vous êtes à découvert régulièrement, je vous conseille fortement de ne plus vous en servir sauf exception.

Si vous vous rendez compte après l'analyse de vos comptes que vous êtes très à découvert, et que votre salaire du mois prochain ne suffira pas pour rembourser cette somme, vous avez trois solutions.

La première solution sera utile pour ceux qui ont un faible découvert en fin de mois. La solution est de faire un peu plus attention à vos dépenses durant 1 ou 2 mois, et vous n'aurez plus du tout besoin de votre découvert.

La deuxième solution sera utile pour ceux qui ont un découvert important, mais gérable pour vos revenus. Admettons que votre découvert soit de 1 000 € tous les mois, faites un plan d'action afin de réduire sur quelques mois le montant de ce découvert. 100 ou 200 € de moins de découvert par mois par exemple : votre découvert récurrent est de 1 000 €/mois. Vous pouvez attribuer 100 €/mois au remboursement de ce vilain découvert. Donc le premier mois, vous aurez un découvert de 900 € ; le deuxième mois, votre découvert sera de 800 € et ainsi de suite… En 10 mois, ce découvert sera de l'histoire ancienne. Là encore, il faudra adapter vos objectifs à la situation actuelle et à vos revenus.

La troisième solution sera pour ceux qui ont un découvert qui dépasse régulièrement le montant autorisé, et que vous ne pouvez assumer seul. Votre banquier peut mettre en place ce qu'on appelle un plan d'apurement afin d'assainir vos finances. Attention, ce n'est pas une obligation de sa part, et il peut avoir besoin de l'autorisation de sa hiérarchie.

Qu'est-ce qu'un plan d'apurement ? Ce n'est ni plus ni moins que la solution numéro 2, mais de façon officielle. Votre conseiller programmera automatiquement la réduction de votre autorisation de découvert.

Ex. : si vous avez 1 000 € d'autorisation de découvert, mais que vous êtes régulièrement à – 1 200 €. Avec ce plan d'apurement, votre autorisation de découvert baissera de 100 € par exemple tous les mois. Vous serez donc obligé de vous astreindre à mettre en place les bonnes actions afin de respecter ce qui a été convenu avec votre banque.

En général, c'est accordé quand la banque a le choix entre ça et vous supprimer l'autorisation de découvert. Il faut que vous ayez montré à votre conseiller que vous avez la volonté de vous sortir de ce mauvais pas. Le plus facile étant bien évidemment de ne pas y avoir recours, ça évite d'avoir à faire tout ça avant de pouvoir avancer.

Mais si vous faites partie des 24 % de Français à découvert chaque mois, ne vous découragez pas. Faites ce qu'il faut. Et avancez simplement dans la bonne direction.

À chacun sa situation, à chacun son rythme.

Les crédits à la consommation

Une fois que l'état des lieux est fait, vous avez dû vous rendre compte qu'en général ce sont les crédits qui vous « pourrissent » le budget, ou au moins en grande partie.

Les banques, les grands magasins, les publicités nous donnent envie de leur donner notre argent à grands coups de marketing. Et le pire, c'est qu'on est consentant. Ils arrivent à nous donner envie du dernier téléviseur sorti, la dernière console de jeux ou robot facilitateur de quotidien à la maison, etc. Ces « petits prêts » ne nous font pas peur, car ils représentent 30, 40 ou 50 € ou plus, par mois et on ne se méfie pas. Grave erreur.

Que ce soit des crédits renouvelables ou des prêts consommation, ils s'accumulent et on est vite submergé. Et on le paie pendant des années.

Et que se passerait-il si vous aviez vos revenus qui baissaient tout d'un coup ? Ou si vous aviez des charges supplémentaires que vous ne pouviez pas éviter ? Dès qu'on est un peu limite, un rien peut nous faire basculer, donc il faut être prévoyant et avoir un petit pécule afin d'être en sécurité pour soi et pour sa famille. Les magasins savent y faire pour nous faire saliver devant tel ou tel produit, mais nous sommes seuls maîtres de notre portefeuille. Eh oui, il faut qu'on prenne nos responsabilités.

Je pourrais vous parler des taux prohibitifs de certains crédits, mais avant tout, la vraie question, c'est, est-ce que vous en avez besoin ? Est-ce que cette nouvelle télévision va vous faire plaisir plus d'une semaine ? Est-ce que vous voulez l'acheter pour vous, ou pour paraître chanceux, ou riche face à votre entourage ? Est-ce qu'il y a d'autres priorités ? Est-ce que vous pouvez peut-être l'acheter d'occasion moins cher ?

Mon but n'est pas d'être moralisatrice, loin de là, mais de vous faire prendre conscience de ce que vous, vous voulez, de vos priorités : un ordinateur pour l'école de votre fille ? Ou la dernière console de jeux ? La dernière paire d'escarpins qui va rester dans le placard parce qu'ils vous feront mal aux pieds ? Ou de partir en vacances ? Ou encore de payer votre loyer ? Il y a des tonnes d'exemples comme ça que je pourrais citer. 80 % des dossiers de surendettement sont dus à des prêts consommation, donc soyez très vigilant.

Comme je vous le disais en introduction, même si j'ai travaillé 14 ans pour une banque, je me suis moi aussi laissée prendre au piège. Je sais à quel point il est facile de se laisser tenter. Mais c'est en réfléchissant à toutes les astuces de ce livre et en les appliquant qu'aujourd'hui mon mari et moi n'avons plus aucun prêt, ni loyer à payer. Nous sommes sereins financièrement. Je ne vous cache pas que ce ne sera pas toujours facile, ça peut prendre du temps, mais le jeu en vaut la chandelle.

Voici d'autres informations à savoir sur les prêts.

Dès que vous avez besoin de faire un prêt pour vos besoins primaires (loyer, courses alimentaires...), ou que vous faites vos courses avec un paiement en différé (ex. : « faites vos courses en mai et payez en juillet »), c'est que votre situation financière est préoccupante, donc on stoppe toutes les dépenses non vitales et on fait le nécessaire pour retrouver des finances saines.

Si ça ne suffit pas, prenez très rapidement rendez-vous avec une assistante sociale.

Il existe différentes sortes de prêts :

- **L'autorisation de découvert** : eh oui, l'autorisation de découvert est aussi un prêt, car c'est la banque qui vous prête de l'argent, en échange d'intérêts. Ce sont des intérêts trimestriels, mais des intérêts quand même.

- **Crédit consommation affecté :** on dit qu'il est affecté, car il est destiné à acheter quelque chose de bien précis, une voiture par exemple. Ce prêt est généralement un peu moins cher que les autres. En effet, la banque prend moins de risque avec ce genre de crédit, car si l'emprunteur ne paie plus, la banque pourra saisir le véhicule, le revendre et rembourser vos encours pour reprendre l'exemple.
- **Rachat de crédit consommation :** à la différence du prêt ci-dessus, celui-ci est plus coûteux. En effet, la banque prend plus de risques puisqu'elle rachète des encours/des dettes, mais pas de bien matériel qu'elle pourrait revendre en cas de défaillance de l'emprunteur. Et surtout, c'est le signe d'erreur de gestion.
- **Crédit renouvelable ou revolving :** c'est la même chose. À fuir comme la peste ! C'est le prêt le plus cher que vous puissiez avoir : comptez un taux d'environ 19 %. Si vous en avez un et que vous ne l'utilisez pas, il ne vous coûte rien... juste la tentation de l'utiliser si vous n'êtes pas averti, que vous avez du mal à vous autodiscipliner, ou encore si un jour, vous êtes en difficulté financière... bref, ce n'est jamais, jamais au grand jamais, la bonne solution ! Par contre, si vous l'avez utilisé, mettez tout en œuvre pour le rembourser au plus vite. Ce prêt n'est pas fait pour être remboursé sur 20 mois. Il est fait (et encore...) éventuellement pour faire vos cadeaux de Noël fin novembre, en sachant que vous percevez votre 13e mois mi-décembre. C'est une facilité, mais il faut une très grande autodiscipline pour l'utiliser et le rembourser sous quelques jours.

- **Le leasing :** le leasing vous permet de louer votre véhicule avec une option d'achat en fin de la durée de location, ou de renouveler votre véhicule. Il peut paraître attractif, mais ça reste un crédit donc soyez vigilant et attendez d'avoir l'argent pour vous offrir la voiture que vous convoitez. Le leasing peut être intéressant, mais il est à utiliser avec précaution et après avoir bien fait ses calculs. Ce qui est intéressant pour une entreprise, ne l'est pas forcément pour un particulier.
- **Paiement en 10 fois :** là encore, à utiliser le moins possible. C'est toujours de l'argent que vous dépensez avant de l'avoir gagné, il faudra donc vous priver pendant les 10 mois suivant votre achat.
- **Paiement en 3 fois sans frais :** en général, le paiement en 3 fois n'a pas d'intérêt, mais sur le principe, vous dépensez encore de l'argent que vous n'avez pas encore. Donc, à utiliser avec parcimonie, car pendant 3 mois vous allez vous serrer la ceinture pour acheter un bien dont vous n'avez peut-être pas l'utilité et qui va encombrer vos placards.
- **Carte à débit différé :** eh oui, si vous avez une carte à débit différé, c'est aussi un prêt. C'est un paiement différé à 30 jours. Encore une fois, vous dépensez de l'argent que vous n'avez pas. Bien géré, ça peut être facilitateur, mais mal géré ça peut vite être la ca-ta-strophe.
- **L'achat de vos courses alimentaires en différé :** de plus en plus de centres commerciaux vous proposent de faire vos achats, et de payer le mois suivant ou dans deux mois. Ça peut paraître attractif sur le moment, mais quoi qu'il en soit, vous serez amené à les payer, et ça reste une sorte de crédit… même s'il n'y a pas d'intérêt.

Ces facilitateurs d'achats tels que le paiement en 10 fois, en 3 fois, ou le revolving attaché à une carte de fidélité, sont mis en place par les sociétés uniquement pour vous faciliter l'achat. Mais leur but est surtout d'augmenter leur chiffre d'affaires grâce à vos achats impulsifs. Donc à vous d'être vigilant, car ce n'est pas forcément pour votre bien.

Pour vous rendre compte de ce que ces crédits vous coûtent, faites un tour sur vos tableaux d'amortissement (vos échéanciers), et faites le cumul de ce que vous coûte uniquement le montant de vos intérêts + assurances décès/invalidité (pour la banque), et dans une autre colonne, combien vous coûtent les objets que vous avez achetés à crédit.

Si vous ne retrouvez plus vos documents, demandez-les directement auprès de vos créanciers/banques.

Ex. : si vous avez 3 prêts consommation :

Pour le premier, vous auriez emprunté 7 000 € : 154 € d'échéance (124 € de remboursement de capital + 30 € d'intérêts et d'assurance).

Pour le second prêt, c'est 10 000 € d'empruntés : 186 € d'échéance (151 € de capital + 35 € d'intérêt et d'assurance).

Et on ajoute un revolving à 3 000 € : 87 € d'échéance (47 € de capital + 40 € d'intérêts et d'assurance).

Numéro de prêt	Échéance globale	Capital remboursé par mois	Intérêts et assurance payés tous les mois	Taux des prêts
1er prêt	154 €	124 €	30 €	X %
2e prêt	186 €	151 €	35 €	X %
3e prêt	87 €	47 €	40 €	X %
TOTAUX	427 €	322 €	105 €	

Une fois que vous avez fait votre tableau, il vous est facile de savoir combien vous coûtent vos prêts : sur cet exemple, 427 € par mois partent en fumée à cause des prêts. Dont 105 € uniquement pour des frais.

À ces chiffres-là, on peut également rajouter les frais de dossier qui ont sûrement été prélevés à la souscription : en général, ils sont entre 100 et 150 €. Pour ce cas précis, on rajoute minimum 300 € de perdus.

Faites ce même tableau, pour votre situation actuelle, et calculez combien d'heures ou de jours, vous devez travailler par mois uniquement pour rembourser vos crédits. Notez-le à côté de votre tableau pour vous motiver à les rembourser au plus vite.

Cela veut dire que dès que vous venez de recevoir votre paie, les premières heures ou jours de travail du mois, vous ne travaillez pas pour vous, mais pour rembourser votre ou vos organismes de prêt. Ça fait réfléchir, non ?

Vous voulez peut-être les rembourser une bonne fois pour toutes maintenant que vous en êtes conscient ?

Ça tombe bien, les solutions arrivent juste après.

Comment rembourser vos prêts par anticipation ?

« Qui paie ses dettes s'enrichit ! » Pourquoi ce dicton est-il vrai ? Quand vous n'avez plus de dette, vous ne payez plus d'intérêts, et cet argent, vous en faites ce que bon vous semble.

Tout d'abord, faisons la différence entre une bonne dette et une mauvaise dette. Une bonne dette vous rend plus riche (ex. : prêt immobilier pour du locatif), alors qu'une mauvaise dette vous appauvrit (ex. : les prêts consommation pour des choses inutiles ou qui vont perdre de la valeur).

Il faut toutefois que j'apporte une nuance pour ceux qui se servent de prêts consommation pour acquérir une voiture par exemple, alors qu'ils ont la somme sur leur épargne. Mais si on est comme la majorité des personnes qui ont des prêts pour acquérir des biens avant d'avoir économisé la somme, on stoppe tout et priorité aux remboursements des erreurs passées. Ici, nous parlons donc de mauvaises dettes.

Si vous avez, comme moi il y a quelques années, cédé au chant des sirènes, il y a différentes solutions pour les rembourser et se débarrasser de ces vilains crédits qui vous appauvrissent mois après mois. Donc, on rembourse ceux en cours, ou ceux qui financent un investissement, et il est hors de question d'en faire d'autres. Dites-vous que les seuls prêts autorisés sont les prêts immobiliers et c'est tout. En tout cas dans un premier temps et surtout, n'empruntez pas au maximum de votre endettement. On peut être tenté d'emprunter au maximum autorisé par la banque, mais cela ne vous laisse aucune marge de manœuvre en cas d'imprévu et un bien immobilier ne se vend pas en 2 minutes.

Tout d'abord, la priorité des priorités, toute affaire cessante : **remboursez vos crédits**. Puisque, comme on vient de le voir, ils vous coûtent littéralement un bras.

Ensuite, 2 solutions s'offrent à vous en fonction de votre situation et de vos prêts :

Rembourser en priorité les prêts avec les taux d'intérêt les plus élevés. Si vous n'êtes pas pris à la gorge financièrement et que vous n'avez pas besoin de récupérer rapidement du pouvoir d'achat, je vous conseille cette première solution. En effet, elle sera plus adaptée, car elle vous fera économiser les intérêts que vous ne payerez pas sur la période. Et cette économie finira dans votre poche.

Ex. : vous avez un prêt de 9 200 € à un taux de 6 %, et un second prêt de 2 000 € à 4 %. Vous rembourserez donc en priorité le premier prêt (celui de 9 200 € à 6 %) car le taux est plus important. Vous aurez ainsi dépensé le moins d'intérêts possible pour cette situation-là.

Rembourser le prêt sur lequel il y a le moins de capital restant dû. Si par contre, les fins de moins sont difficiles et que vous avez besoin de souffler un peu financièrement, il faudra privilégier le remboursement du prêt sur lequel il reste le moins de « capital restant dû ».

Le capital restant dû, c'est le montant que vous devez à la banque au moment où vous faites le point. C'est le montant que vous devrez donner à la banque afin de solder le prêt.

Ex. : vous avez emprunté 10 000 € à la banque, vous avez déjà commencé à rembourser la banque depuis quelques mois, aujourd'hui, vous devez 9 200 €.

Sur un deuxième prêt, vous avez emprunté 7 000 €. Aujourd'hui, il reste 2 000 € à rembourser.

Il faudra privilégier le remboursement du prêt où il reste 2 000 €. Il sera plus rapide à rembourser, et peu importe le taux.

Ces 150 € « disponibles » vous serviront à rembourser le prêt de 10 000 € par anticipation, à commencer à épargner et à rendre vos fins de mois un peu plus confortables. Et ainsi de suite. En répartissant ces 150 € sur ces trois orientations, vous pourrez ainsi avancer sereinement financièrement. En effet, il est hors de question de se retrouver dépourvu en cas d'imprévu, mais il faut aussi que vous vous rendiez compte de vos efforts en améliorant le quotidien. D'où l'importance de répartir ainsi.

Pour rembourser ces prêts consommation, il n'y a en général aucuns frais. Vous pourrez donc faire ces remboursements assez facilement auprès de votre organisme de crédit. En général, la seule condition demandée par les banques est de rembourser au minimum l'équivalent de 3 échéances.

Ex. : si pour le prêt concerné, vous payez 150 €/mois, il vous faudra faire un remboursement de minimum 450 € (3 × 150 €).

Attention à ne pas oublier de vous constituer une petite épargne en parallèle. Peu importe si vous mettez 10 € par mois au début. Le tout est de mettre en place les bonnes habitudes, et de commencer à vous constituer un petit pécule. Et vous augmenterez ce montant au fur et à mesure de l'évolution de vos comptes.

Eh oui, les petits ruisseaux font toujours les grandes rivières.

Rappels importants :

- Pas d'autre souscription de prêt.
- Pas de mise en place de carte de fidélité liée à une réserve d'argent/revolving.
- Videz vos placards de ce qui vous encombre et vendez-le afin de rembourser au plus vite vos prêts par anticipation.
- Consommez votre stock de frigo, congélateur et placards d'épicerie, afin de ne pas avoir de stock perdu et surtout de réduire votre budget courses alimentaires.

- N'attendez pas d'avoir une grosse rentrée d'argent pour rembourser vos prêts, agissez tout de suite même si vous faites des remboursements partiels dès que vous le pouvez.

Interdiction bancaire

Qu'est-ce qu'une interdiction bancaire ? On dit de quelqu'un qu'il est interdit bancaire lorsqu'il a fait un chèque à une personne ou à un commerçant, et qu'il est sans provision. C'est-à-dire qu'au moment de la présentation sur le compte, il n'y avait pas du tout, ou pas suffisamment d'argent sur le compte pour payer l'intégralité de la dette.

Après les procédures légales que la banque doit faire en temps et en heure pour vous informer de la situation, si le chèque est rejeté, la personne devient « interdite bancaire ».

Si vous ne faites rien, cette interdiction durera 5 ans, et vous interdira toute autorisation de découvert, toute acceptation de nouveaux crédits, une carte bancaire avec de grosses restrictions, etc.

Bref, très « enquiquinant » tout ça... Sans compter que vous mettez sûrement le bénéficiaire du chèque dans une situation délicate également.

Même une fois cette interdiction bancaire levée, elle peut laisser des traces sur vos dossiers bancaires, et ça risque de retarder vos projets de prêt immobilier futur ou professionnel par exemple, même si votre situation s'est améliorée entre-temps. Donc plus vite vous n'êtes plus sous le coup de ce fichage, et plus vite vous pourrez avoir une vie financière normale et saine. Ouf !

Comment lever votre interdiction bancaire ?

La solution est de se débarrasser de ce fichage le plus vite possible.

Il existe 3 solutions pour cela.

- **En priorité, aller voir la personne, lui payer la somme en espèce ou carte bancaire, et surtout, surtout, bien penser à récupérer le chèque en échange**, et l'apporter à votre banque en tant que preuve du paiement de la dette. Sans le chèque, la banque ne pourra pas régulariser le chèque sans la 3e option ci-dessous.
- **En second, vous pouvez dire au bénéficiaire de représenter le chèque sur le compte**. Attention toutefois, il faut bien que le compte soit suffisamment approvisionné pour qu'il puisse être payé. En effet, cela ne sert à rien de faire ça si vous n'avez pas réapprovisionné le compte, le chèque sera de nouveau rejeté et vous devrez payer d'autres frais à la banque.
- **Pour la 3e solution, c'est ce qu'on appelle un « blocage de provision »**. « Quèsaco ? » me direz-vous. Eh bien, il s'agit de prélever la somme de votre compte afin de la mettre de côté. Et cette somme ne servira que pour le paiement de ce chèque-là.

Je m'explique, admettons que vous ayez eu un chèque de 50 € rejeté. Vous demandez à votre banquier de faire un blocage de provision pour ce chèque-là. Il va débiter de votre compte 50 € qui seront mis de côté par la banque, et lorsque le bénéficiaire représentera votre chèque, vous ne le verrez pas débité de votre compte puisqu'il aura déjà été mis « de côté ».

En faisant cela, votre interdiction bancaire est levée dès le blocage réalisé par votre banquier. Cela est dit sous réserve qu'il n'y ait pas plusieurs chèques, ou sinon il faudra le faire également sur tous les chèques rejetés.

Si au bout d'un an et 8 jours, les bénéficiaires n'ont pas représenté le ou les chèques, les sommes seront reversées sur votre compte courant. D'où l'importance de toujours noter la date et le bénéficiaire de vos chèques sur le talon de votre chéquier pour les solutions 1 et 2.

Surendettement

Une fois que vous avez fait votre état des lieux, vous vous rendez compte que vous avez beau tourner les chiffres dans tous les sens, ça ne colle pas, même en faisant des efforts considérables. Pas de panique, ça arrive, mais que faire ?

Il va falloir calculer ce qu'on appelle votre quotité d'endettement. Pour rappel, sous ce nom barbare, se cache simplement une sorte de « baromètre de votre situation financière ».

Comment faire le calcul de sa situation ?

(loyer ou prêt immobilier + prêts mensuels) × 100 et vous diviserez ce résultat par vos revenus mensuels. Vous obtiendrez un pourcentage qui sera votre quotité d'endettement.

Une fois que vous connaissez votre quotité d'endettement, le tout est de savoir à quoi ça correspond :

- Si vous êtes **entre 0 et 33 %**, tout va bien… pour les banques en tout cas.
- Par contre, **si vous êtes au-delà**, ça veut dire que vous êtes en surendettement.

Que faire en cas de surendettement ?

Comment y remédier et s'offrir la vie que l'on souhaite ?

Il existe plusieurs solutions pour retrouver des finances saines et confortables :

Réduire et/ou stopper toutes les dépenses inutiles (restaurant, achat de vêtements...), le temps de retrouver une bonne situation financière.

Trouver une autre source de revenus en plus du revenu actuel, le temps de remettre les finances au beau fixe. Et ensuite, garder les bonnes habitudes pour ne pas se retrouver dans la même situation.

Si vous avez un prêt immobilier, vérifiez si **votre prêt immobilier peut être suspendu** quelques mois afin de vous permettre de vous mettre à jour. Même si votre contrat le permet, la banque ne vous l'autorisera pas si vous avez des échéances impayées. C'est pour ça qu'il ne faut pas faire l'autruche avec les problèmes financiers. Cela vous ferme des portes.

Vendez votre bien immobilier si vous êtes propriétaire afin de pouvoir repartir sur de bonnes bases. La somme de la vente doit vous servir à rembourser vos créanciers et à rien d'autre. On est souvent attaché à son logement, à ses affaires, mais ce n'est que du matériel, donc agissez pour votre bien, pour votre famille. Vous pourrez reconstruire sur de bonnes bases une fois tout ça derrière vous. Là encore, faites estimer la valeur de votre bien afin de savoir plus précisément ce qu'il en est.

Pensez également à **appeler vos organismes de prêt** afin de négocier avec eux un étalement de votre dette. La réponse sera à leur bon vouloir, mais généralement, ils apprécient les personnes de bonne volonté et c'est aussi dans leur intérêt de ne pas avoir d'impayé.

Faire ce qu'on appelle un **rachat de prêts auprès de la banque** ou **auprès de votre employeur** (toutes les entreprises ne le font pas). Cela aura pour effet d'augmenter la durée, et de réduire le montant des échéances. Le fait de réduire le montant de vos échéances vous aidera à réduire votre endettement et donc à avoir des fins de mois plus faciles.

Par contre, une fois que vous aurez fait ce rachat de prêt, interdiction d'en faire d'autres, sinon la spirale infernale va reprendre. La solution idéale serait même d'appliquer la méthode du diviser par trois l'argent « économisé » :

- 1/3 pour rembourser ce même prêt dès que les trois échéances auront été mises de côté ;
- 1/3 pour votre épargne ;
- et 1/3 pour agrémenter le quotidien.

La dernière solution est la plus radicale, mais en fonction de votre situation, cela peut s'avérer nécessaire. Parfois, la situation est telle, qu'on n'a pas d'autres choix que de se faire aider.

Cette solution est un **dossier Banque de France**, dit dossier de surendettement. C'est la même chose.

Le surendettement implique de mettre sur table toutes vos dépenses, et toutes vos rentrées d'argent. Le dossier est très lourd à remplir, mais quand il n'y a pas d'autres solutions...

Vous pouvez vous faire aider d'une assistante sociale. En général, chaque mairie a un service pouvant également vous aider gratuitement à faire une analyse personnalisée de vos difficultés et vous aider à monter le dossier. C'est le CCAS (Centre communal d'actions sociales).

Votre banquier peut également faire le point avec vous afin de vous dire si c'est judicieux dans votre cas de monter un dossier Banque de France. Beaucoup ont peur du banquier, car il a bien souvent du pouvoir sur nos comptes, mais comme je vous le disais un peu plus haut, il vaut mieux jouer carte sur table avec lui. Et il vous aidera dans la mesure du possible, ou vous orientera au mieux. Si vous faites l'autruche, vous vous retrouverez tous les deux face à des situations qui peuvent être dramatiques pour vous, et inconfortables pour lui. Dites-vous que vous êtes dans le même bateau avec votre banquier, si vos comptes sont sains, vous êtes serein et lui aussi. Et si vous êtes tous les deux sereins, vous aurez tous les deux plus de facilités à dépasser un peu les limites si un jour il y a besoin.

Une fois votre dossier déposé, il sera analysé en long, en large et en travers par des spécialistes. Ces spécialistes jugeront si vous êtes réellement en surendettement, si les banques vous ont surendettées à votre insu ou si c'est vous qui avez fait des écarts déraisonnables.

En fonction de tout ça, la commission délibérera, soit en faveur de la réduction de vos taux d'intérêt/étalement de la période de remboursement, soit en faveur de l'annulation de vos dettes ou tout simplement refuser votre dossier.

C'est un acte lourd de conséquence. Si votre dossier est accepté, vous n'aurez plus droit à aucun nouveau crédit, aucune autorisation de découvert, aucun chéquier, vous aurez droit à une carte consultant le solde de compte avant paiement, vous devrez respecter scrupuleusement le nouvel échéancier qui aura été mis en place, et ce, pendant 5 ans.

Vous serez fiché Banque de France tout au long de la procédure. C'est ce qu'on appelle la « faillite personnelle ».

Mais surtout, si votre dossier de surendettement est accepté, respectez-le ! Vous n'aurez pas de deuxième chance donc soyez sérieux et mettez en pratique les solutions listées ici.

Pour résumer ce chapitre, je souligne que les désagréments bancaires ne sont certes pas agréables, mais qu'il y a des solutions. Quand on est dans une situation compliquée, ça coûte émotionnellement, ça pèse sur le quotidien et son entourage et c'est difficile de demander de l'aide, mais vous serez tellement fier de vous quand tout cela sera derrière vous. Je vous le promets !

Chapitre 5
Votre situation d'ici quelques mois

Un pas après l'autre, les objectifs s'atteignent toujours !

Votre futur s'est éclairci, vous avez pris les bonnes décisions et surtout vous avez agi malgré les difficultés, donc bravo à vous.

Maintenant, passons à la phase épargne que vous pourrez également commencer en parallèle de vos remboursements de prêts. Même si c'est 10 € chaque mois, ça vaut le coup.

Pourquoi mettre en place une épargne ?

Épargner, c'est prévoir les dépenses prévisibles et imprévisibles. Que ce soient des problèmes de santé, de chômage, et tout accident de la vie... mais aussi des factures annuelles prévisibles, et l'entretien de véhicule ou de votre logement par exemple.

Il y a 4 bonnes raisons de se constituer une épargne.

- **Provisionner des dépenses prévisibles** : vous savez que vous allez devoir payer X € d'impôt, d'assurance annuelle, ou encore des gros frais sur votre voiture d'ici X mois. Divisez ces sommes par le nombre de mois qu'il vous reste en attendant la date de paiement et programmez un virement tous les mois de cette somme. Comme ça, le moment venu, ce ne sera qu'une formalité pour vous, là où d'autres vont avoir des sueurs froides à trouver des solutions qui ne seraient pas des plus satisfaisantes.

- **Provisionner des dépenses imprévisibles :** la première chose consiste à anticiper les dépenses imprévues. On a tous eu à un moment donné un rattrapage de tel ou tel organisme qui n'était pas prévu, une augmentation de votre facture d'électricité qui vous demande une somme improbable en fin d'année, etc. Le but d'avoir cette épargne est de ne pas être déstabilisé par ces mauvaises surprises. Et tant mieux si ça n'arrive jamais, mais au moins, vous savez que vous pouvez y faire face si un jour ça arrive.
- **Pour des achats plaisir :** vacances, nouvelle voiture, etc. Eh oui, ça aussi, vous pouvez les anticiper. Fixez-vous une date, et appliquez le virement tous les mois de la somme dont vous avez besoin afin de réaliser votre beau projet.
- **Pouvoir investir et avoir des revenus en complément du salaire :** ça vous fait rêver de gagner de l'argent quand vous dormez ? Je pense que oui ! Donc, mettez de côté, et ensuite vous vous positionnerez sur des investissements qui vous correspondent. Eh oui, il y a autant d'investissements que d'investisseurs donc la question se posera à ce moment-là.

Comment constituer votre épargne ?

Nous avons vu plus haut comment améliorer votre budget et ainsi programmer votre épargne auprès de votre banque. Je voudrais partager avec vous 2 astuces à ce sujet pour compléter ce virement automatique sur votre livret.

Épargnez sur une autre banque que votre banque principale : le fait d'avoir une banque pour le quotidien et une petite épargne de sécurité, et avoir un second établissement pour le plus gros de votre épargne vous permet de ne pas avoir cette somme sous les yeux et d'être tenté de la dépenser. De plus, le virement est plus compliqué et plus long pour basculer une somme de la seconde banque à la première, donc cela évite/limite les achats impulsifs et compulsifs.

« Cagnottez » sans vous en apercevoir : il existe plusieurs façons de mettre de côté sans s'en rendre compte. Prenez toutes les semaines vos pièces de cuivre, ou vos pièces de 1 € ou de 2 € ou encore tous vos billets de 5 € en fonction de ce que vous pensez pouvoir faire avec votre budget, et on met ses petits sous dans une tirelire. Ça ne vous semblera rien sur le coup et peut-être inutile, mais au bout de 1 an, vous serez agréablement surpris.

Les économies du quotidien : vous pouvez également utiliser le système de tirelire pour mettre de côté le fruit de vos efforts en ce qui concerne l'arrêt ou la réduction du tabac, de vos petits cafés ou autres petites dépenses du quotidien. Vous visualiserez mieux dans une tirelire transparente, que sur une épargne, l'évolution des économies que vous aurez faites. Il existe même des tirelires qui comptabilisent le total des pièces au fur et à mesure que vous les remplissez.

Encore une fois, faites ce qui fonctionne pour vous !

Comment placer votre argent ?

C'est bien beau me direz-vous, mais qu'allez-vous faire de tout cet argent économisé ?

Ah, ça j'aime ! C'est que j'ai réussi ma mission et vous aussi.

Je sais que vous avez dû y mettre beaucoup d'énergie et ne rien lâcher pour en arriver là, alors surtout félicitations à vous !

Alors que faire de tout cet argent, disais-je !

Il vous faudra à terme 3 sortes d'épargne :

- Une **épargne de précaution** pour les factures prévues et imprévues. Elle devra représenter environ 3 à 4 mois de revenus du foyer. Certains préconisent 3 à 6 mois de dépenses indispensables.
- Une **épargne de projet**, comme son nom l'indique, pour financer vos projets. Par exemple, ce peut être votre apport pour l'achat d'un bien immobilier, de votre nouvelle voiture ou encore les études des enfants.
- Une **épargne d'investissements**, pour financer vos futurs investissements. Vous savez, les investissements qui vous permettront s'ils sont bien gérés, de percevoir des revenus même quand vous dormez. Dans cette épargne, vous y trouverez l'argent pour vos investissements : achats locatifs, Bourse, cryptomonnaies, etc.

Vous devez mettre en place votre stratégie d'épargne dès que vous le pouvez. Plus jeune vous le ferez, moins vous aurez d'efforts à faire, et plus vite vous atteindrez vos objectifs.

Tout d'abord, voyons ce que sont les principes de l'épargne à travers la pyramide de l'épargne :

- Tout en haut de la pyramide et ce qui doit arriver en dernier, ce sont les actions : PEA et l'immobilier : SCPI, SIIC (capital non garanti).
- L'étape intermédiaire arrive une fois que vos bases d'épargne sont solides avec des fonds en euros : assurance vie, PERP (capital garanti ou diversifié).
- Le socle est constitué par la première étape qui est la base d'une épargne stable et sereine. Une fois réalisée, elle vous permettra de passer au niveau 2 sereinement. Elle contient les livrets et le PEL qui sont tous à capital garanti.

Pour avoir une situation stable, il vous faut commencer à remplir le bas de votre pyramide avec l'équivalent de 3 à 4 mois de dépenses ou de revenus (= charges fixes + charges aléatoires + ce que vous versez tous les mois sur vos épargnes).

En remplissant ce premier palier, vous verrez que vous aurez de moins en moins ce sentiment de frustration, de privation de ne pas pouvoir vous offrir telle ou telle chose. Eh oui, le cerveau est fait de telle sorte que, comme vous pouvez vous le payer, ça ne vous donne plus, ou moins, envie de « craquer ».

C'est magique ? Non, c'est un cercle vertueux : je peux me le payer, donc j'en ai moins ou plus du tout envie, je sais que j'ai de l'argent, donc je n'ai rien à prouver, donc je ne l'achète pas, donc j'économise plus, donc j'épargne plus et ainsi de suite.

Ensuite seulement, remplissez les deux autres parties de la pyramide avec de l'assurance vie sur des fonds garantis, et ensuite la troisième partie sur de la Bourse et de l'immobilier. Le fait d'avoir votre épargne disponible vous permet d'envisager avec plus de sérénité d'autres supports d'épargne plus rémunérateurs. Par contre, il est clairement déconseillé d'investir en Bourse avant d'avoir une épargne de précaution. En effet, un seul imprévu et vous seriez sûrement obligé de vendre vos actions (ou autre), même si les positions ne vous sont pas favorables. Et là, c'est contre-productif.

Une fois que vous aurez de bons revenus provenant de vos investissements, là, vous pourrez utiliser l'argent gagné par vos placements (et non par le fruit de votre travail) afin de vous faire plaisir sans aucune culpabilité.

En pratique, voici la marche à suivre en fonction de votre situation : si vous n'avez aucun prêt, je vous conseille de placer une partie de cette somme sur des comptes disponibles dans un premier temps. On dit d'un compte qu'il est disponible quand on peut retirer une partie, ou la totalité de la somme qui se trouve dessus (– 10 € à toujours laisser dessus, sinon on doit clôturer le compte).

Les avantages des comptes disponibles : les sommes sont disponibles, de ce fait, si vous avez un imprévu, il vous est facile de piocher dedans et de réparer votre voiture en panne par exemple, sans quémander auprès de votre banquier ou de votre entourage. Oui, je sais, ce ne sont pas des situations très agréables.

Le second avantage de ces comptes, c'est qu'ils ne présentent aucun risque. Vous déposez 50 €, vous êtes sûr et certain de repartir avec 50 € + les intérêts. Cela rassure !

Les inconvénients, c'est qu'ils sont disponibles. Eh oui, on est donc plus tenté de piocher dedans. Leurs taux d'intérêt (ceux que la banque vous verse au 1er janvier) sont également assez faibles à ce jour, mais pour commencer c'est ce qu'il y a de mieux. Et puis, il vaut mieux que la banque vous verse peu, plutôt que ce soit vous qui versiez des intérêts débiteurs à la banque, non ?

Les comptes disponibles sont les suivants : le Livret jeune, le LEP (Livret d'épargne populaire), le Livret A, le LDD (Livret de développement durable), le CEL (Compte épargne logement), le CSL (Compte sur livret).

Dans un premier temps, on regarde si on est éligible aux livrets qui ne sont pas soumis aux prélèvements sociaux, ni aux impôts : Livret jeune (si vous avez entre 12 et 25 ans), ou LEP (si vous ne payez pas, ou peu d'impôts).

Si vous n'êtes pas éligible à ces livrets, privilégiez le Livret A ainsi que le LDD, car leur rémunération est supérieure aux deux autres livrets restants. Ces livrets sont soumis à imposition, mais uniquement sur les intérêts, pas sur le capital que vous y avez déposé.

Pour faciliter votre gestion de livret, vous pouvez :

Soit mettre toutes vos économies sur le même livret et suivre à côté que telle somme est pour vos factures annuelles, telle somme est pour vos imprévus, et telle somme est réservée à vos investissements futurs. Sur le long terme, c'est la solution qui vous rapportera le plus d'intérêts.

Soit ouvrir trois livrets, et en définir les destinations et les conditions d'utilisation. Par exemple, si vous définissez que vous avez un livret A avec de l'argent en cas d'imprévu,

vous pouvez définir que vous ne sortirez de l'argent qu'en cas d'imprévu tel que des réparations de voiture, etc. et pas pour acheter la nouvelle console de jeux, ou de nouveaux escarpins… Oui, les stéréotypes ont la vie dure.
Les intérêts seront moindres, mais vous gagnerez en temps et en simplicité de gestion.

Je vous conseillerai de placer l'autre partie de vos économies sur un PEL (Plan épargne logement).

Les avantages du PEL : il n'y a aucun risque lorsque vous y déposez votre argent. Le taux est plus intéressant qu'un livret. Et il vous faudra clore le compte pour récupérer votre argent sous 24 à 48 heures, donc une démarche administrative ; vous serez par conséquent moins enclin à piocher dedans pour des dépenses superflues. Un autre de ses avantages est qu'il faut verser 45 € par mois minimum dessus, et cela vous encourage à épargner.

Vous pouvez également avoir des taux un peu plus favorables si cela contribue à un éventuel futur prêt immobilier. Je laisse le soin à votre conseiller de rentrer dans les détails si vous souhaitez en savoir plus, mais c'est déjà un bon résumé sans vous assommer d'informations. L'objectif ici est de se constituer une base financière solide et de créer les bonnes habitudes avant de passer à des produits plus rémunérateurs, mais aussi bien souvent plus risqués.

Ses inconvénients : il faut ouvrir ce compte avec une somme minimale de 230 € (ce ne sont pas des frais, mais un minimum à y déposer). Si vous fermez ce compte avant un an, vous percevrez moins d'intérêts.

Il vous faudra verser 45 € au minimum par mois durant toute la durée où le contrat sera ouvert. Ce versement est fait automatiquement. Partez du principe que vous garderez ce compte tel quel durant quatre ans minimum.

Si vous avez des prêts consommations en cours : la méthode restera la même, mais il faudra diviser le montant de vos économies en trois.

Si vous êtes plutôt à l'aise financièrement, vous placerez :

- une partie sur un compte disponible (Livret A ou Livret de développement durable) ;
- une partie sur votre PEL ;
- et une partie pour rembourser vos prêts consommations.

Si vous sentez que ça va être compliqué pour vous, mettez une partie sur un compte disponible et une partie prévue pour le remboursement de vos prêts consommation en cours.

Une fois vos prêts remboursés entièrement, il sera temps de placer sur un PEL. En ce qui concerne le remboursement des crédits, ne vous présentez pas à la banque dès que vous avez 10 € en trop, vous allez vous déplacer pour rien, en général les banques vous demandent un remboursement anticipé de minimum trois fois le montant de votre prélèvement mensuel. C'est-à-dire que si vous avez un prélèvement de 50 € par mois, le minimum de votre remboursement anticipé sera de 150 €.

Durant la constitution de vos épargnes, réfléchissez et formez-vous aux investissements qui vous intéressent. Comme ça, le moment venu, vous serez le plus compétent possible dans le domaine. Et encore félicitations ! Vous avez pris le taureau par les cornes et vous avez réussi votre challenge.

Ah, j'allais oublier de vous dire, grâce à cette épargne, votre banque aussi vous fera un cadeau pour Noël. Ou presque, puisque vous percevrez les intérêts de vos épargnes chaque 1er janvier. C'est une bonne nouvelle, non ?

Pour rappel, ici le but n'est pas de faire fortune avec les intérêts de ces épargnes, mais bien de préparer la suite tout en étant sécurisé financièrement.

Voilà comment fonctionnent réellement les intérêts des livrets :

- Le taux d'intérêt définit la rémunération d'un placement et les livrets vous permettent d'acquérir des intérêts.
- Ces intérêts sont perçus tous les 31 décembre.
- Ces intérêts acquis sont calculés à la quinzaine. C'est-à-dire qu'il faut laisser votre argent 15 jours pleins sur votre livret afin de valider les intérêts.
- Ces 15 jours sont calendaires, du 1er au 15, ou du 15 au dernier jour du mois.

Ci-dessous, on visualise deux quinzaines, donc un mois entier :

1er jour du mois | 15e jour du mois | Dernier jour du mois

Dans le but de valider vos intérêts, vous devez laisser votre argent sur toute la durée de la quinzaine.

Vous devez déposer votre argent avant le 1er, et avant le 15e jour du mois ; et le retirer le 16e jour du mois ou le 1er jour du mois d'après.

Pourquoi investir ?

Il y a deux raisons fondamentales pour lesquelles il faut investir. D'abord, pour conserver des revenus décents lors de votre retraite. On sait tous que nos revenus, une fois à la retraite, vont se réduire comme peau de chagrin, donc, anticiper un maximum est primordial.

Ensuite, les investissements vont vous permettre de percevoir des rentrées d'argent qui ne dépendent pas de votre travail. Ce qui veut dire que quoi qu'il arrive, licenciement, maladie, etc., qui ne vous permettrait plus de travailler, donc de percevoir votre salaire habituel, cela ne vous mettra pas en péril financièrement, ou beaucoup moins.

J'aborderai très rapidement le sujet, car ce n'est pas le thème principal de ce livre. Par contre, cela permet de comprendre le raisonnement à adopter lors d'un investissement. Rares sont les personnes qui savent réellement ce qu'est un investissement.

Dans les grandes lignes, un investissement, c'est un achat qui va vous rapporter de l'argent. Dès lors qu'il vous rapporte de l'argent, c'est ce qu'on appelle un actif. Parmi les actifs, on liste : un achat immobilier pour percevoir des loyers, des actions, investir dans une entreprise et percevoir des dividendes, etc. Ce sont des achats qui vont vous rapporter en retour. Attention toutefois au risque de perte possible sur certains investissements. C'est grâce aux gains de ces investissements que vous pourrez vous acheter des produits de luxe, ou autrement dit, tout ce qui n'est pas vital.

C'est le contraire d'un passif. Les passifs sont des achats qui nous coûtent de l'argent : une voiture vous coûte à l'achat, à l'entretien, à la réparation, son assurance et son carburant. Ce n'est donc pas un investissement sauf exceptions avec des voitures de collection.

Un autre cas qui est controversé, c'est la résidence principale. Elle vous coûte tous les mois : d'abord pour votre prêt immobilier, les réparations de toiture ou autre, les factures d'énergies, etc.

Par contre, on note quand même une différence pour la voiture si c'est le seul moyen de vous rendre à votre travail, et que vous n'avez pas acheté la dernière berline toutes options de la gamme. Là, on peut considérer que votre voiture est un actif, puisqu'elle vous permet de rentrer de l'argent grâce à elle.

Il faut également faire attention, car une résidence principale va vous rapporter lorsque vous l'aurez vendue normalement en fonction du marché.

Ce sont des cheminements simples et complexes à la fois qu'on acquiert au fur et à mesure, rassurez-vous.

Pour visualiser le raisonnement à tenir, on peut illustrer tout ça avec les milliardaires qui vont acquérir de luxueux yachts qui coûtent une fortune à l'achat et à l'entretien. On pourrait donc dire que leur yacht est un passif. Et pourtant, étant généralement très avisés sur la gestion de leur argent, ils le transforment en actif puisqu'ils le louent à d'autres lorsqu'ils ne les utilisent pas. Ce qui rend leur « achat plaisir », rentable, ou peu coûteux.

Si vous voulez aller plus loin dans ces raisonnements, je vous conseille l'excellent livre *Père riche, père pauvre* de Robert

T. Kiyosaki. C'est un livre ouvert à tout le monde. Pas besoin d'avoir suivi de hautes études, tout est accessible et facile à comprendre.

Une citation de ce livre, que je trouve très juste, et quand on la comprend, tout un avenir radieux s'ouvre devant nous : « Les pauvres achètent des passifs, les riches achètent des actifs. »

Eh oui, ça veut dire que les « pauvres » vivent au-dessus de leurs moyens et achètent des objets qui ne leur rapportent rien, ils ne se forment pas, etc. Alors que les « riches » ont une éducation financière qui leur permet de faire ce qu'il faut afin d'avoir des revenus passifs (qui ne sont pas le fruit de leur travail salarié) et bénéficient des fruits de leurs investissements pour pouvoir se faire plaisir.

Quand on parle de personnes riches, je ne parle pas des grands héritiers, mais de ceux qui ont créé leur propre richesse.

Pour résumer, la première catégorie investit, puis dépense les bénéfices de ses investissements pour du plaisir puisqu'ils ont une éducation financière. La seconde catégorie dépense pour du plaisir au fur et à mesure de ses rentrées d'argent car ils n'ont pas encore d'éducation financière.

Dans quelle catégorie voulez-vous être aujourd'hui ? Et demain ?

Cela revient à ce que je disais plus haut, c'est une question de formation. Et comme nous n'apprenons pas ces choses-là à l'école, et rarement en famille, il faut se former une fois adulte, et éduquer nos enfants pour qu'ils adoptent les bonnes habitudes de consommation et de gestion financière à leur tour.

Vos investissements

Comme je vous le disais, il y a autant d'investissements différents que d'investisseurs. Et vous pouvez multiplier et diversifier ces investissements. C'est-à-dire, en avoir plusieurs dans chaque catégorie.

En effet, nous avons tous des revenus différents, des charges différentes, des projets différents, un délai de réalisation différent, des connaissances dans le domaine financier différentes et une appétence au risque différente.

Si vous êtes au salaire minimum, que vous avez trois enfants en bas âge, vous n'aurez pas les mêmes possibilités, ni les mêmes envies que si vous êtes célibataire et que vous gagnez 3 000 € par mois. De la même manière, si vous avez 3 000 € d'épargne, ou si vous en avez 50 000 €, vous ne choisirez pas les mêmes investissements en termes de risque. En fonction de chacun de vos critères, vos choix d'investissements seront différents.

On parle de risque sur les investissements en fonction du risque de capital déposé ou non, sachant qu'il y a différents degrés de risque allant de « capital garanti », jusqu'à la potentielle perte totale du capital investi.

Lorsque votre capital est garanti, cela veut dire que même si vous ne percevez pas les intérêts, pour des raisons X ou Y, vous récupérerez au minimum la somme que vous avez investie. C'est le cas pour des placements sur des fonds en euros.

À l'inverse, lorsque le capital n'est pas garanti, vous pouvez perdre jusqu'à la totalité de la somme investie, et sans intérêt perçu.

Il y a un rapport entre ce que l'investissement pourrait vous rapporter et le risque pris. Plus votre investissement est risqué, et plus vous pourriez gagner en intérêts. Et a contrario, plus votre investissement est sûr, moins vous aurez d'intérêts, c'est le jeu.

Sur ces placements, vous aurez également une fiscalité à prendre en compte, ainsi que des frais (des droits d'entrée, des droits de sortie, et des modalités différentes de sortie). Donc, ne faites rien sans comprendre toutes les règles qui régissent chaque investissement. Ou commencez avec quelques dizaines d'euros que vous pouvez vous permettre de perdre moyennant votre apprentissage.

D'où l'intérêt de consulter un conseiller en patrimoine afin de définir avec lui le mieux pour vous, en fonction de votre situation, et de votre appétence au risque. Comme nous le disions au début de ce livre, quand vous aurez de l'argent, faites attention aux personnes mal intentionnées, et aux personnes qui ont de faux bons conseils. Si vous ne comprenez pas ce qu'on vous propose, posez des questions, renseignez-vous par vous-même, formez-vous avant de prendre vos décisions.

Quels pourraient être ces investissements ?

- **Investissements sûrs sauf effondrement :**
  - **Livrets** (Livret A, Livret de développement durable, Livret jeune, Compte sur livret, Compte épargne logement…).
  - **Assurance vie sur fonds en euros :** c'est une enveloppe fiscale dans laquelle vous pouvez placer votre argent sur différents supports. Ces supports sont 100 % sécurisés sur des fonds en euros, ou risqués si vous choisissez d'autres supports. À ne pas confondre avec une

assurance décès qui est une assurance à fonds perdu (comme pour votre assurance voiture ou maison) et non une épargne.

- **Investissements plus risqués avec des degrés différents de risques et ils nécessitent un niveau de connaissance minimum avant de se lancer :**
  - **Placements en Bourse** (actions, obligations, fonds d'investissement, fonds négociés en Bourse) : assurance vie (vous pouvez, dans cette enveloppe fiscale, placer votre argent sur différents supports : 100 % sécurisés, allant jusqu'aux plus risqués). Attention toutefois à ne pas confondre une assurance vie (qui est une épargne avec votre argent) et une assurance décès (qui reverserait une somme définie lors de la souscription, à la ou les personnes que vous aurez choisies contre une cotisation, lors du décès du souscripteur). Il ne peut y avoir aucun remboursement des sommes versées au souscripteur.
  - **Investissements immobiliers** (locatif : parking, box, mobile-home, saisonnier, studio, colocation, meublé, non meublé, ou achat en viager...).
  - **Entrepreneuriat** (ouvrir votre propre société).
  - « **Crowdlending** » (investissement qui finance une entreprise dans des start-up et PME).
  - **Cryptomonnaies** (bitcoins...), monnaie parallèle.

Comme je vous le disais, vous pouvez/devez diversifier vos investissements, mais pas n'importe comment. Vous devez tenir compte de votre profil d'investisseur, de ce qui vous plaît, de votre situation actuelle ou encore de vos projets.

Pour exemple, prenons 2 investisseurs aux extrêmes.

En premier, on va prendre le cas d'un jeune adulte. Il pourra se permettre de mettre ses fonds sur des placements plus risqués, car il a le temps de se « refaire » en cas de perte. L'avantage pour un jeune adulte, c'est qu'il pourra réinvestir tous les intérêts qu'il va percevoir, et ces intérêts vont également rapporter. C'est exponentiel.

À l'inverse, un jeune retraité devra sécuriser ses placements avec majoritairement des placements sûrs et un capital minime sur des placements risqués. Quoi qu'il se passe sur ses investissements, il ne sera pas en péril. Ce ne sont que des exemples, mais vous comprenez la logique.

Si on prend la Bourse par exemple, admettons que vous ayez des actions. Ces actions vous feront gagner ou perdre de l'argent uniquement si vous les vendez. Tant qu'elles ne sont pas vendues, ce n'est ni gagné, ni perdu. D'où l'importance de ne pas paniquer prématurément et de vendre trop tôt ou trop tard. Il faut investir au bon moment, mais c'est quand le bon moment ?

Ce qui est sûr, c'est qu'il faut surtout investir en Bourse, uniquement l'argent qu'on est prêt à perdre. Jamais l'argent que vous avez mis de côté pour payer vos factures annuelles par exemple. Ça vous permettra, quoi qu'il se passe, de ne jamais être en difficulté financière, mais surtout, ça vous permettra d'être détaché émotionnellement et de prendre les bonnes décisions.

Le mieux étant d'être à contre-courant des autres. Achetez quand les autres vendent, et vendez quand les autres achètent. Simple en théorie, mais plus difficile en pratique.

Ce qu'il est important de savoir, c'est que l'immobilier ainsi que les marchés boursiers ont des cycles d'environ 4 à 5 ans. Bien évidemment, ce n'est pas une science exacte, sinon tout le monde aurait déjà fait fortune en Bourse.

Mais ça veut dire aussi que quand on est un jeune adulte, et qu'on place de l'argent qu'on peut se permettre de perdre, on peut se permettre d'attendre que cette fameuse action remonte et de vendre cette action lorsqu'elle sera en plus-value.

Contrairement à un jeune retraité qui voit ses revenus revus à la baisse et chez qui ça engendrera plus de stress, qui mènera probablement à des ventes au mauvais moment.

Gérer des investissements demande des connaissances et du temps, mais aussi de savoir contrôler ses émotions face à la peur de perdre de l'argent.

Donc, soyez vigilants, et choisissez vos investissements en fonction de :

- La formation spécifique que vous aurez faite sur les placements qui vous intéressent.
- Si vous débutez, commencez par de petites sommes afin d'acquérir les bons réflexes pour quand vous pourrez/voudrez investir des sommes plus importantes.
- Votre vision en tant qu'investisseur. Si un investissement vous rebute, vous ne serez pas intéressé à le suivre sur le long terme, et vous ne pourrez pas agir au mieux quand ce sera le moment.
- Votre degré d'aversion au risque (fonds en euros, en unité de compte, en multisupports, et quelle répartition…). Si la moindre idée de perdre de l'argent vous tétanise, oubliez tous les placements à risque.

- La durée de votre projet pour cet investissement (court, moyen ou long terme).
- Du temps de gestion que vous pourrez y accorder : est-ce que vous voulez regarder tous les jours le cours de vos valeurs, ou est-ce que vous voulez être plusieurs années sans vous en occuper ?
- Et de vos connaissances financières sur le placement.
- Des frais inhérents à chaque placement : droits d'entrées, frais annuels de gestion, frais d'arbitrage.
- Conditions de retrait.
- Durée du placement.
- Lisez bien tout votre contrat de placement, même les petites lignes… surtout les petites lignes !
- Demandez des informations si un élément ne vous semble pas clair.
- Diversifier vos placements. Si vous avez quatre sortes de placements différents et qu'il y en a un qui vous fait perdre de l'argent, les trois autres rattraperont généralement celui en perte.
- De la fiscalité appliquée aux placements (PEA ou Compte titres, etc.).

À savoir de manière générale pour vos investissements :

- Formez-vous spécifiquement à l'investissement qui vous intéresse. Ce chapitre ne contient que les grandes lignes, qui, à elles seules, ne suffisent pas à se lancer dans des placements.
- Pour bien calculer la rentabilité d'un investissement : gains – frais = gains réels.
- Pour savoir quand vous allez pouvoir doubler votre capital, en réinvestissant toujours les intérêts que vous allez

percevoir au fur et à mesure, appliquez la « règle 72 » : 72 × le taux d'intérêt de votre investissement = le nombre d'années qu'il vous faudra pour doubler votre capital.

- Commencez par investir de petites sommes afin d'acquérir les bons réflexes de gestion, ainsi que les connaissances indispensables.
- Soyez patients et maîtres de vos émotions concernant vos placements afin d'agir au bon moment. Ne soyez ni trop confiant, ni dans la crainte excessive.
- En ce qui concerne les assurances vie, faites bien attention à la clause bénéficiaire. L'assurance vie, vous permet d'épargner, mais également de léguer à la (ou les) personne(s) de votre choix, le capital de cette assurance sans droit de succession, ou en les minorant. Je ne peux que vous conseiller de ne pas dire aux personnes désignées qu'elles sont bénéficiaires de votre contrat. Par contre, laissez ce genre de document bien rangé au cas où.
- Vous avez 14 jours de délai de rétractation si vous souscrivez votre support de placement sur Internet. Et 30 jours pour une assurance vie, même si vous l'avez souscrite dans votre agence.
- Faites travailler les intérêts composés pour vous. C'est-à-dire, réinvestissez les intérêts perçus grâce à vos investissements, ça vous permettra de gonfler le montant global de votre patrimoine de manière exponentielle.
- Utilisez les effets de levier : autrement dit, vous allez emprunter une partie du montant de votre investissement afin de faire gonfler votre patrimoine. Ça peut être vrai pour l'immobilier ou pour la Bourse.

Votre conseiller vous expliquera plus en détail ce qu'est cette solution, mais je vous conseille d'être très prudent et d'être aguerri avant d'utiliser l'effet de levier pour la Bourse.

Saviez-vous que vous pouviez programmer un ordre d'achat ou de vente pour vos actions afin de stopper les pertes, ou d'encaisser le gain ?

Si vous souhaitez acheter des actions dès lors qu'elles atteignent le montant que vous avez défini, vous pouvez programmer cet ordre. Et si cette action atteint ces X € définis, les actions seront achetées. Si ces actions n'atteignent pas ces X €, elles ne seront pas achetées.

A contrario, si vous possédez des actions, et que vous souhaitez les vendre à X €, vous pouvez également le programmer. Si cette action atteint ces X €, la vente se fera. Si la valeur n'atteint pas ces X €, la vente ne se fera pas.

- Entourez-vous des personnes qui ont réussi dans l'investissement que vous envisagez, et formez-vous auprès d'eux (proches, groupe d'investisseurs, livres, conférences, formations...).
- Avant tout, établissez une stratégie d'investissement.
- Plus vous aurez de connaissances, et moins vos investissements seront risqués, car les erreurs coûtent cher. Mais ne jamais investir, aussi, coûte cher.

Comment protéger votre argent ?

Pour protéger votre argent, il y a différentes habitudes à mettre en place. Certaines que vous devez déjà avoir mises en œuvre sans vous en rendre compte et d'autres auxquelles vous n'avez peut-être pas pensé, ou qui sont floues pour vous.

Mais la règle numéro 1 : ne pas crier sur les toits et à qui veut l'entendre que vous avez de l'argent. Au mieux, on risque de vous jalouser, de faire appel à vous quand les autres ont mal géré leur argent et, dans le pire des cas, cette information peut tomber dans de mauvaises oreilles et mener au vol. Donc soyez raisonnablement discret. Pour le reste, je vous en fais la liste ci-après.

Dans votre couple

En France, il y a un sujet tabou, l'argent. Il est toujours difficile d'allier amour et argent, et pourtant, c'est impératif de fixer certaines règles entre vous.

■ Compte courant

Lorsque vous êtes célibataire, vous avez un ou deux comptes courants et la question ne se pose pas.

Mais quand vous êtes en ménage, plusieurs solutions s'offrent à vous :

- **Solution 1** : vous pouvez opter pour un compte joint et vous effectuerez toutes vos dépenses tous les deux sur ce compte.
- **Solution 2** : vous pouvez conserver vos deux comptes personnels et avoir un compte joint pour les dépenses du ménage.
- **Solution 3** : vous pouvez répartir vos dépenses jointes sur vos deux comptes personnels.

Vous devrez choisir entre une répartition en fonction de vos revenus ou faire 50/50, tout cela dépend de votre couple et de vos revenus respectifs.

Mais en ce qui concerne le compte joint, il y a des précautions à prendre ou en tout cas quelques petites choses à savoir :

- Si vous choisissez un compte « M. ou Mme », les opérations faites par l'un ou par l'autre, vous engagent tous les deux. Par exemple, si l'un des deux dépense tout l'argent, vous serez tous les deux responsables des dettes.
- Si vous choisissez un compte « M. et Mme », vous ne pourrez pas faire d'opération sur ce compte l'un sans l'autre. Dans le cas de l'utilisation du chéquier, il nécessitera vos deux signatures.
- Si vous avez un compte individuel chacun et un compte joint, et que l'un des deux a une interdiction bancaire ou des arriérés de paiement sur des prêts, l'autre se retrouvera également fiché sur son compte personnel.

Si votre conjoint est dépensier, et dilapide sa paie ainsi que la vôtre, au détriment de vos charges fixes, je vous conseille de ne pas avoir de compte joint, et de répartir les dépenses du ménage sur vos comptes respectifs.

Vous pouvez également l'inciter à ne plus avoir d'autorisation de découvert, ni de chéquier, et de prendre une carte qui consulte le solde de compte et bloque toute opération dès lors que le solde est à 0 €. Ces actions lui feront sûrement prendre conscience de ses dépenses et de ses responsabilités. Attention tout de même, à ne pas en faire une punition pour l'autre, mais dialoguez avec lui sur le fait qu'en continuant comme ça, il met en péril votre santé financière à tous les deux.

En résumé, toutes ces solutions ont des avantages et des inconvénients qu'il faut connaître avant de prendre votre décision en connaissance de cause.

■ Contrats de mariage et testament

Tout d'abord, je tiens à vous mettre en garde, les lois peuvent changer en fonction de quand vous lirez ce livre. Il est impératif de consulter un notaire afin de confirmer ce qui est en vigueur aujourd'hui.

Lorsque vous préparez votre mariage, vous aurez de nombreuses décisions à prendre concernant l'organisation, dont le budget. Le budget de la cérémonie, c'est une chose, mais vous aurez également à décider sous quel régime matrimonial vous voulez vous marier.

Il existe différents contrats de mariage vous permettant de mettre à l'abri votre patrimoine, votre conjoint, ou les deux. C'est une décision à prendre à deux, et qui peut être lourde de conséquences pour l'avenir.

Si vous ne faites rien, vous serez *de facto* sous le régime de la « communauté réduite aux acquêts ».

Si par contre vous choisissez l'un ou l'autre des contrats de mariage, il vous en coûtera environ 400 € si vous faites les démarches avant de passer devant le maire.

Si vous choisissez de vous marier sans contrat de mariage, vous pouvez également mettre un contrat de mariage en place après le passage devant le maire. Les démarches auprès de votre notaire vous coûteront un peu plus cher.

■ Communauté réduite aux acquêts

Si vous ne faites pas de contrat de mariage, c'est ce qui s'appliquera automatiquement.

Tous vos biens meubles et immeubles, ainsi que les dettes seront divisés en deux parts égales en cas de divorce ou de décès. Sauf exception de vos biens acquis avant le mariage, des successions reçues et des donations si vous les gérez hors de vos avoirs communs.

Par exemple, si vous recevez 10 000 € en donation et que vous les laissez sur un compte distinct, ces 10 000 € sont à vous et uniquement à vous. Ce sont vos avoirs propres (conservez impérativement les justificatifs et ne les « mélangez » pas à vos avoirs joints).

- Si vous versez cette somme sur votre compte joint, elle rentre dans la communauté à 50/50.
- Si vous recevez un bien immobilier en héritage, ce bien est votre bien propre.
- Si par contre vous recevez ce même bien immobilier ou ces 10 000 €, et que vous le vendez, et rachetez autre chose sans le stipuler au notaire, ce bien et ces 10 000 € deviendront des biens communs à 50/50 avec votre époux(se).

■ Communauté universelle

Ce contrat de mariage met tous les biens et dettes en commun. Que les biens aient été acquis avant ou après le mariage. Même s'il s'agit de biens reçus d'une succession ou donation. C'est le contrat qui permet de léguer tout son patrimoine à son conjoint.

En cas de divorce, votre patrimoine meuble et immeuble sera également séparé en deux parts égales.

Le conjoint survivant pourra être exonéré de tous droits de succession si vous prévoyez une clause d'attribution intégrale au dernier survivant. L'inconvénient, c'est que par le fait, vous déshéritez vos enfants de la part du parent décédé. Ce qui augmentera les frais de succession pour vos enfants lors du décès du dernier survivant.

■ Séparation de bien

Vous possédez chacun vos biens distincts. Il n'y a aucun bien en commun. Les biens acquis ensemble lors du mariage, appartiennent à l'un ou l'autre en proportion de l'apport de chacun.

Par exemple, si vous achetez un bien à 100 000 € durant votre mariage. Le conjoint 1 met 30 000 € et le conjoint 2 met 70 000 € ; le conjoint 1 sera propriétaire du bien à hauteur de 30 % et le conjoint 2, à hauteur de 70 %.

■ Participation aux acquêts

Le mariage fonctionne sous un régime de séparation de biens durant le mariage, mais en cas de divorce ou de décès, le patrimoine des époux est divisé en deux à 50/50.

Par exemple, un des avantages de ce contrat permet de protéger la famille si l'un des deux époux possède son entreprise et qu'il ne veut pas engager les biens de la communauté en cas de faillite.

■ Testament

Le testament est un écrit qui permet à une personne d'exprimer ses dernières volontés concernant ses biens ou autre (ex. :

désigner un tuteur pour ses enfants mineurs...) après son décès.

Il peut être fait seul, c'est ce qu'on appelle un testament olographe. Il peut également être fait chez le notaire, c'est alors un testament authentique.

Ce testament peut être modifié jusqu'au décès.

Bien évidemment, ce ne sont que les grandes lignes afin que vous sachiez que ça existe. Si vous souhaitez en savoir plus, je vous conseille de consulter un notaire qui sera à même de vous écouter et de vous orienter vers le contrat de mariage qui vous convient le mieux.

Si c'est un remariage avec enfant(s), il est préférable de se poser et de réfléchir à une solution pour que vos enfants de votre premier mariage ne soient pas lésés.

Si les conjoints ont des disparités de revenus ou de patrimoine avant le mariage, il est également préférable de se poser les bonnes questions et d'agir en conséquence.

■ PACS

Si vous êtes pacsé et que vous souhaitez protéger votre conjoint, vous pouvez opter pour un testament, ou préciser vos souhaits lors de la convention de PACS aménagé.

Même s'il y a plus de choses prévues pour les personnes qui optent pour le mariage que pour le PACS, il vous suffit de rédiger les modalités de vos engagements respectifs, et de vos volontés en cas de séparation ou de décès d'un des conjoints.

■ Succession

Si vous êtes sous le régime de la communauté réduite aux acquêts et que vous héritez, cette somme peut être mise de côté et ne pas rentrer dans vos biens en commun. Elle n'entre dans la communauté que si vous la mélangez à vos dépenses familiales ou vos avoirs communs.

Je m'explique, si vous recevez 20 000 € d'héritage et que vous souhaitez garder cette somme pour vous, ouvrez un compte à votre nom et n'y déposez que cette somme en prenant soin de conserver le justificatif de sa provenance.

Si vous souhaitez investir cette somme dans un bien immobilier joint, précisez la provenance de ces fonds à votre notaire lors de l'acte d'achat du nouveau bien.

Si vous ajoutez cette somme sur un compte où se trouve de l'argent commun, cette somme sera ajoutée à l'argent de votre couple. Donc en cas de séparation, cette somme sera répartie, 10 000 € pour vous et 10 000 € pour votre conjoint.

En famille

■ Succession et donations

Assurance vie

L'assurance vie est une épargne avec des abattements concernant la succession. Lorsque vous ouvrez une assurance vie, le banquier vous demandera de désigner les bénéficiaires. Vous pouvez désigner la ou les personnes de votre choix.

Votre banquier ou votre notaire peut vous aider à rédiger cette clause bénéficiaire de manière que votre volonté soit faite.

Ne dites jamais aux bénéficiaires de votre assurance vie qu'ils le sont, car ils pourraient accepter cette clause auprès de votre établissement bancaire et vous ne pourriez alors plus modifier cette clause sans leur accord, donc soyez vigilant.

Restez également attentif, car même si vous ne vous entendez pas avec un de vos enfants, vous ne pouvez pas le déshériter totalement. Vous pouvez par contre favoriser vos autres enfants. Pour plus de précision, si vous êtes dans ce cas-là, vous pouvez en parler à votre conseiller bancaire ou à votre notaire.

Donation

Afin d'alléger les droits de succession qui seront à la charge de vos enfants après votre décès, vous pouvez faire des donations de votre vivant sous conditions.

Pour ces clauses, vous devrez consulter votre notaire afin qu'il définisse avec vous une clause de droit de retour, clause de donation ou donation résiduelle, etc.

Héritage sur bien mobilier ou immobilier

Si on schématise le patrimoine global (financier, bien immobilier, etc.) d'un couple sous la forme d'un tableau, la succession se passera comme suit si tout est à 50/50 :

– Avant décès du conjoint 2 :

Le conjoint 1 détient 50 % du patrimoine (= les biens mobiliers, immobiliers et dettes s'il y en a).

Le conjoint 2 déteint les autres 50 % du patrimoine.

– Après décès du conjoint 2 :

Le conjoint 1 conserve ses 50 % du patrimoine du couple + 25 % du patrimoine du conjoint 2 reçu en héritage.

La famille du conjoint 2 hérite des 25 % du patrimoine du couple. Ce qui équivaut à 50 % de la part du conjoint 2 ou un quart du patrimoine total du couple..

Le conjoint 1 pourra racheter les 25 % de part à la famille ou aux enfants majeurs s'il souhaite conserver le bien immobilier. Ou si les enfants sont mineurs, il en aura l'usufruit. C'est-à-dire qu'il pourra résider dans le bien immobilier, sans qu'il soit propriétaire des 25 % restants.

Cette répartition est valable pour tous les biens mobiliers, immobiliers et dettes du couple.

Bien évidemment, ce schéma pourra être modifié en cas de clause/contrat de mariage spécifique. Là encore, assurez-vous que ce soit toujours en vigueur au moment où vous lirez ce livre.

En général

Ne pas laisser votre argent sur votre compte courant autrement que pour vos dépenses mensuelles.

Tout d'abord parce que vous ne percevrez aucun intérêt, et même si les taux sont extrêmement bas, et bien, c'est mieux que rien.

Ensuite, parce que vous avez un risque de fraude à la carte bancaire plus important. Eh oui, la plupart des cartes se bloquent uniquement lorsque vous n'avez plus d'argent sur votre compte pour vous protéger de vos propres dépenses, mais aussi en cas de fraude. Vous aurez un signal d'alerte beaucoup plus rapidement, et pourrez faire le nécessaire au plus vite afin de stopper l'hémorragie des dépenses frauduleuses.

Et la troisième raison est que vous serez plus facilement tenté de le dépenser s'il reste sur votre compte courant.

■ Achats Internet

Assurez-vous que vous visualisez un petit cadenas en début de l'URL de votre page de paiement et que vous visualisez le « S » pour paiement sécurisé tel que : https://adresse de la page...

Faites attention aux mails frauduleux. Que ce soit sur votre smartphone ou sur votre ordinateur, n'ouvrez pas les mails dont vous ne connaissez pas l'expéditeur. Ces « bandits nouvelle génération » savent y faire pour trouver des titres de mail qui donnent envie d'ouvrir la pièce jointe. Que ce soit en vous faisant peur ou en faisant de belles promesses, donc soyez vigilant. En ouvrant ces mails frauduleux, vous pouvez sans vous en apercevoir, télécharger un virus pouvant vous voler vos données personnelles. Ces mails frauduleux peuvent aussi se faire passer pour votre banque ou la Sécurité sociale par exemple afin de mettre à jour votre dossier ou autres faux prétextes. Ces organismes ne vous demanderont jamais de code ou d'informations personnelles pas ce biais-là.

Si vous avez un doute, contactez cet organisme directement sans vous fier aux coordonnées données dans le mail et posez-leur la question.

Sachez que votre banque peut vous aider à sécuriser vos achats sur le Net, soit grâce à 3D Secure (code que vous recevez sur votre téléphone afin de confirmer que vous êtes bien l'auteur de ce paiement), ou encore en vous mettant à disposition une carte spécifique/virtuelle dont le cryptogramme (3 chiffres habituellement au dos de votre carte bancaire) change à chaque paiement sur Internet.

Avant de faire un achat sur un site que vous ne connaissez pas, tapez « avis clients marque X » sur votre moteur de recherche sur les avis des anciens clients de ce site. Est-ce qu'ils ont bien reçu leur commande ? Est-ce que c'était conforme à la description du produit ? S'ils ont eu des problèmes, est-ce qu'ils ont pu joindre le service clients facilement ? Et est-ce que le service clients a pu résoudre leur problématique ?

Vous trouverez généralement toutes ces réponses sur des forums, ou sites tels que contrefaçons.fr ou encore les arnaques.com.

Attention également lors des soldes, car c'est le moment privilégié pour les escroqueries. Que ce soient de faux rabais, des contrefaçons, etc. Selon l'UFC-Que choisir, les rabais sont gonflés dans 20 % des cas. C'est-à-dire que certains commerçants ont augmenté les prix avant d'appliquer leur pourcentage de promotion. Donc méfiance !

De plus, l'orthographe doit vous mettre la puce à l'oreille. Si vous voyez que ce sont des descriptifs mal traduits en français, ou encore que c'est truffé de fautes d'orthographe, je ne saurais que trop vous conseiller de passer votre chemin, et de consulter un autre site.

N'enregistrez jamais les coordonnées de votre carte bancaire sur vos sites d'achats en ligne. Dans un premier temps, vous serez moins tenté de faire des achats en deux clics, et surtout, ça vous évitera le vol de vos coordonnées de carte pour des achats frauduleux.

Attention aux faux chèques de banque lors de vente de voiture par exemple.

Lorsque vous vendez votre véhicule, ou tout bien d'une valeur importante, vous demanderez raisonnablement, 90 % du temps, un chèque de banque (le paiement en espèces entre particuliers est interdit au-dessus de 1 500 € ou alors il vous faudra un écrit manuscrit prouvant la transaction). Mais voilà, on entend de plus en plus de fraudes concernant ces chèques certifiés. Je vous conseille de faire votre transaction dans les horaires d'ouverture des banques afin de confirmer la légitimité de ce chèque.

N'appelez pas le numéro que la personne vous donne, mais faites la recherche vous-même sur Internet afin d'être sûr d'avoir la bonne banque en ligne et non un complice de l'acheteur. La banque consultera ses registres et vous confirmera, ou non, qu'elle a bien édité un chèque de banque à votre nom et au montant que vous aurez défini avec l'acheteur.

Cela vous évitera les sueurs froides en attendant d'être sûr que vous n'avez pas laissé partir votre bien gratuitement.

■ Escroqueries

Certains se sont spécialisés dans la fraude par Internet. Vous savez les histoires qu'on peut entendre du genre : « je vais recevoir un héritage, mais j'ai besoin d'argent pour le toucher. Envoyez-moi X €, et dès que je reçois l'héritage, je vous donnerai X € ». Il en existe d'autres types, mais tout ça, ce sont des escroqueries appelées scam.

Si on vous demande d'être intermédiaire dans des transactions internationales, dites non, vous vous rendriez sans le vouloir complice d'escroquerie et vous risquez la prison.

Vous pouvez également recevoir des mails frauduleux ayant pour but de vous voler des informations sensibles pour vous ou votre société. Donc n'ouvrez pas les mails dont vous ne connaissez pas la provenance. Cette escroquerie s'appelle le « Phishing ».

Vous pouvez également avoir un appel de, soi-disant, votre banque ou de la police/gendarmerie, inventant une histoire vous demandant vos coordonnées de carte bancaire, ou toutes autres informations personnelles. Sachez que votre banquier, ou les forces de l'ordre ne vous demanderont jamais ce genre d'informations par téléphone. Dites-leur que vous vous rendez dans votre établissement bancaire ou au commissariat et vous verrez qu'ils raccrocheront très rapidement.

Si vous avez leur numéro de téléphone, allez le signaler au commissariat parce que même si ça n'a pas fonctionné avec vous, ça aura malheureusement sûrement fonctionné sur d'autres personnes.

Malgré toutes ces mises en garde, il n'y a pas plus de risque sur Internet que dans la vraie vie donc soyez vigilants, mais finalement ne tombez pas dans la paranoïa.

Donc sur Internet, et de manière générale, soyez vigilant et dès que vous trouvez une démarche louche, que vous avez un doute, ou que vous sentez que c'est trop beau pour être réel, stoppez tout.

■ Achat immobilier

Lorsque vous souhaitez acheter un bien immobilier, que ce soit un appartement ou une maison, prenez le temps de réfléchir aux points suivants.

Allez voir votre banquier et/ou courtier afin de définir ensemble votre apport, ainsi que la somme que vous pouvez emprunter.

Concernant votre apport, ne mettez pas toute votre épargne dans votre projet immobilier. Gardez de l'argent au cas où. Vous en aurez inévitablement besoin pour des frais tels que le paiement au prorata des charges de copropriétés, taxe foncière, frais de raccordements en cas de construction immobilière, etc., et d'éventuelles surprises…

N'achetez pas un bien qui vous coûtera 33 % d'endettement. Le banquier vous autorisera 33 %, mais là encore, gardez de la marge, gardez de l'argent pour vos loisirs et les imprévus. D'autant plus que, plus vous allez acheter un bien coûteux, et plus vous aurez des charges importantes : ameublement, parquet, ravalement, toiture, entretien du jardin, etc. Je ne peux que trop vous conseiller de ne pas être financièrement esclave de votre bien.

Lors de vos visites de biens immobiliers, vérifiez tout. Des robinets qui font de l'eau chaude et ne fuient pas, tout comme le bon fonctionnement des volets, etc.

Vous ferez vos premières visites selon vos premiers critères (localité, nombre de mètres carrés, commerces, transports en commun, écoles, etc.), puis quand vous aurez identifié un ou deux biens, faites une contre-visite.

Lors de cette contre-visite, revérifiez tout. Que ce soit le bon fonctionnement des volets, l'ouverture et la fermeture des fenêtres, l'arrivée d'eau chaude/froide, quel mode de chauffage et pour quelle facture, etc. Pour vous aider, référez-vous au DPE (Diagnostic de performance énergétique). Dans ce DPE, vous y trouverez le classement des performances énergétiques, ainsi que les éventuelles anomalies d'électricité, etc. Renseignez-vous auprès des voisins et policiers si vous ne connaissez pas le secteur. Passez-y à n'importe quel moment : en pleine journée, le soir, dans la nuit, la semaine, mais également le week-end... Une fois acheté, il sera trop tard pour vous rendre compte que l'élevage d'oies qui se trouve derrière sent mauvais, ou que la sonnerie de l'école vous dérange...

Concernant la visite au commissariat, je peux vous assurer que cela peut être très utile, ça m'a personnellement évité de faire un très mauvais achat : j'avais visité un triplex assez spacieux, quelques travaux de rafraîchissements, mais rien de grave. Il se trouvait dans un quartier sympa de prime abord, avec un prix en dessous du marché. Jusque-là, il avait tout pour plaire. Et en menant ma petite enquête auprès de voisins puis du commissariat, la déception a été de taille, car le quartier était connu pour des cambriolages par escalade et dealers au pied de l'immeuble... comment vous dire... je ne l'ai pas acheté, bien évidemment.

Chiffrez les éventuels travaux d'entretien ou de décoration que vous prévoyez. Sachant qu'il y aura des choses que vous serez amené à faire avant l'emménagement, ou un peu plus tard. Donc, chiffrez tout ça et faites un point sur ce qui est réalisable ou non, et vos priorités.

Renseignez-vous sur les travaux qui seront votés prochainement par la copropriété. Pour ça, l'agent immobilier et le notaire demandent les trois derniers comptes rendus de copropriété. Vous pourrez ainsi acheter en connaissance de cause et sans surprise.

Une fois votre décision prise et votre coup de cœur avéré, lancez les démarches auprès de votre agent immobilier et des banques. Faites le tour des différentes enseignes afin de trouver le meilleur taux et de faire jouer la concurrence auprès de votre banque principale actuelle. N'hésitez pas à négocier les frais de remboursement anticipé auprès de votre banquier, ainsi que le prix du bien lors de votre proposition d'achat.

Si vous êtes actuellement propriétaire de votre logement, soyez vigilant au prêt relais. Le prêt relais vous permet d'acquérir votre futur logement avant que vous ayez vendu votre premier bien. Mais ce n'est pas gratuit, et votre bien peut avoir plus de mal à se vendre que prévu.

Peut-être que vous pouvez envisager de mettre votre premier bien en location ? Ce sont des calculs à faire afin de savoir si c'est réalisable et intéressant pour vous.

Un autre point important, c'est l'assurance décès de votre prêt immobilier. Quels que soient votre statut et votre composition familiale, c'est une question importante, vous pouvez être assuré à 100 %, 50 %...

Mais même lorsque vous êtes assuré à 100 %, cela veut dire que votre prêt sera remboursé intégralement en cas de décès de l'un ou l'autre. Par contre, ça ne veut pas dire que le survivant sera 100 % propriétaire du bien immobilier.

En effet, la succession interviendra, même s'il n'y a plus de prêt bancaire initial ; le survivant devra peut-être racheter les parts aux autres héritiers s'il souhaite conserver le bien. Référez-vous au paragraphe succession.

■ Évitez le vol de vos coordonnées

Ne jetez surtout pas des documents tels que vos relevés de compte, relevés de Sécurité sociale, etc., tout ce qui peut contenir des informations confidentielles sur vous telles que votre numéro de Sécurité sociale, nom, prénom, lieu et date de naissance.

Quand vous aurez à vous débarrasser de ce genre de documents, brûlez-les dans la cheminée ou passez-les à la broyeuse. Et si vous n'avez rien de tout ça, déchirez-les en petits morceaux et jetez-les dans différentes poubelles. Ça vous évitera de prendre le risque que vos documents tombent sur des personnes mal intentionnées qui pourraient usurper votre identité, et faire des crédits en votre nom.

Donnez un deuxième, voire un troisième prénom à votre enfant afin d'éviter les problèmes d'homonymes et qu'il doive se justifier sur le fait que c'est son homonyme qui a des difficultés financières et qu'il n'est pas lui.

■ Fraude à la carte bancaire

Ne notez jamais votre code confidentiel, que ce soit sur votre téléphone, ou ailleurs.

Ne donnez votre code confidentiel à personne, pas même à vos proches.

Cachez le clavier lorsque vous tapez votre code confidentiel (en magasin, à la station-service, au distributeur automatique, etc.) afin que personne ne puisse le voir.

Cachez votre cryptogramme au dos de votre carte bancaire avec une petite gommette (vous savez, les trois chiffres à droite de votre signature). Si vous tombez sur un commerçant mal intentionné, ça évitera de vous retrouver avec des paiements frauduleux sur Internet.

Signez votre carte bancaire au dos. Si vous ne signez pas votre carte, l'éventuel voleur pourra signer à votre place, et vos recours seront plus compliqués.

Si malgré tout ça, vous vous apercevez que vous vous êtes quand même fait pirater votre carte, contactez votre banque immédiatement et faites opposition à votre carte (même si votre agence est fermée, vous avez toujours un numéro de téléphone/ou sur votre espace bancaire en ligne pour signaler la perte ou le vol de votre carte). Ne tardez surtout pas, car en attendant, le voleur peut continuer ses emplettes et passé un certain temps, vous aurez dépassé le délai et ne serez plus remboursé. D'où l'intérêt de consulter régulièrement vos comptes.

Que ce soit à la station-service ou dans un distributeur de billets, vérifiez qu'il n'y a pas de petite caméra ou de petit boîtier plastique à l'emplacement d'insertion de votre carte bancaire, car c'est une technique connue des voleurs afin de vous voler votre carte et votre code confidentiel. La carte restera bloquée dans le lecteur, et les voleurs auront vu votre code et pourront ensuite récupérer votre carte. Donc soyez vigilant et si vous avez un doute, changez d'automate.

Dans votre vie de tous les jours, privilégiez vos retraits dans votre établissement bancaire. Pour la majorité des cartes bancaires, une fois que vous avez fait vos 3 retraits dans le mois dans d'autres établissements bancaires, les retraits suivants (hors de votre banque) seront facturés 1 €.

Lors d'un retrait, prenez toujours le ticket, car en cas d'erreur du distributeur, la banque vous demandera ce justificatif pour faire les comptes de leur côté et procéder au remboursement si c'est justifié.

Attention, si vous êtes victime d'une fraude à la carte, alors que vous êtes encore en possession de celle-ci, mettez votre carte bancaire en opposition auprès de votre banque immédiatement. Je vous conseille de faire un retrait pour vos dépenses courantes en attendant vos nouvelles cartes bancaires.

Si vous vous en rendez compte durant les horaires de fermeture de la banque, vous avez un numéro de téléphone mis à votre disposition afin de bloquer immédiatement toutes les opérations de votre carte. Vous pouvez également le signaler sur votre espace client.

Une fois votre opposition faite, signalez votre fraude à la carte sur la plateforme électronique Perceval. C'est un téléservice mis en place par la gendarmerie qui vous permet de signaler la fraude directement auprès des forces de l'ordre.

Fiscalité

Non, je ne vous ferai pas un grand cours magistral sur la fiscalité et ses complexités, qui changent régulièrement, en revanche, je peux vous aider à y voir un peu plus clair.

Tout d'abord, on va voir ensemble les principes généraux, et ensuite on verra pourquoi et comment faire des simulations sur Internet afin de faire un prévisionnel de vos impôts et ne pas vous retrouver acculé en fin d'année.

Là encore, les modalités et taux d'imposition changeant régulièrement, vérifiez toujours auprès de votre centre des impôts si c'est toujours d'actualité.

Le raisonnement reste généralement le même pour chaque thème abordé dans ce chapitre.

L'objectif ici est de vous expliquer les impôts sur le revenu dans les grandes lignes et surtout de vous ouvrir sur ce qui peut faire baisser la facture légalement.

Les principes généraux

Souvent, on entend dire : « je ne veux pas être augmenté parce que je vais payer plus d'impôts ! »

Je répondrai oui et non ! Je vous explique. Oui, vous allez payer plus d'impôts, mais pas autant que vous pouvez le penser.

Votre tranche de revenus définit votre imposition, mais pas sur la totalité de vos revenus puisque c'est un impôt progressif (voir le barème ci-dessous).

Pour 2025, le barème pour une part (= 1 personne) de quotient familial de l'impôt est le suivant :

Jusqu'à 11 497 €	0 %
De 11 498 € à 29 315 €	11 %
De 29 316 € à 83 823 €	30 %
De 83 824 € à 180 294 €	41 %
Au-delà de 180 294 €	45 %

Exemple : admettons que vous gagniez 1 500 € par mois sur 12 mois, vous êtes à 18 000 € par an.

De ça, vous retirez 10 % d'abattement, ou vos frais réels, et autres déductions fiscales éventuelles.

Si vous n'optez pas pour les frais réels, vos revenus imposables sont donc de 16 200 € (18 000 – 10 %).

Vous ne serez imposé que sur la tranche du montant de votre augmentation et non sur la totalité de votre revenu (moins abattement). Donc même si votre augmentation vous fait passer dans la tranche supérieure, cette augmentation reste intéressante pour vous.

Maintenant que nous avons vu les principes de base de l'imposition, voyons un peu ce qui peut faire baisser votre imposition.

▪ Abattement classique de 10 % ou frais réels ?

Vous tapez « calculatrice impôts » sur le site du gouvernement gouv.fr, ainsi que l'année de déclaration, vous remplissez et le tour est joué.

Vous pouvez vous servir de cette calculatrice pour choisir la meilleure option de déclaration.

Je ne vous parle pas de déclarer 10 000 € si vous en avez gagné 30 000 €, ça, c'est si vous adorez les contrôleurs du fisc, que vous voulez avoir un redressement fiscal et payer des amendes.

Je vous parle simplement ici de vérifier s'il est préférable pour vous de déduire les abattements classiques (– 10 %), ou s'il est préférable pour vous de déclarer les frais réels (quels sont les frais dépensés que vous pouvez légalement déduire de vos revenus perçus). Et c'est complètement légal.

De manière générale, les frais réels sont intéressants si votre travail vous coûte plus d'argent que la moyenne des Français.

Je m'explique, admettons que vous fassiez 100 km par jour avec votre voiture personnelle, avec les frais réels, l'État participe en quelque sorte à une partie de l'essence utilisée, l'usure et l'entretien du véhicule, etc., que vous avez utilisé pour aller travailler.

La méthode de calcul est la suivante concernant les revenus perçus en 2022 (attention à nouveau à vérifier si ces chiffres sont toujours d'actualité sur service-public.fr) :

Nombre de chevaux de votre véhicule	De 0 à 5 000 km parcourus dans l'année	De 5 001 à 20 000 km parcourus dans l'année	Plus de 20 000 km parcourus dans l'année
3 CV et moins	0,529 × km	(0,316 × km) + 1 065	0,370 × km
4	0,606 × km	(0,340 × km) + 1 330	0,407 × km
5	0,636 × km	(0,357 × km) + 1 395	0,427 × km
6	0,665 × km	(0,374 × km) + 1 457	0,447 × km
7 et plus	0,697 × km	(0,394 × km) + 1 515	0,470 × km

Ce barème est valable pour 2023 et change généralement chaque année, donc consultez les nouveaux barèmes auprès du Trésor public (auprès de votre centre des impôts, ou sur leur site). À noter que pour les véhicules électriques, le montant des frais de déplacement calculés à partir de ce barème est majoré de 20 %.

D'autres frais professionnels sont déductibles des impôts et les voici : frais de repas, frais liés au télétravail, frais de double résidence, etc. Attention, ils sont soumis à conditions, donc là encore, il vaut mieux s'assurer d'être dans la pleine légalité puisque chaque cas est différent.

Si vous avez le moindre doute, ou question à ce sujet, vous pouvez demander à être reçu au sein de votre Trésor public, et faire le point avec une personne spécialisée, ou les contacter par téléphone 0809 401 401. Ils sont ouverts du lundi au vendredi de 8 h 30 à 19 h, hors jours fériés. Et conservez tous les justificatifs de déplacements professionnels avec votre voiture personnelle. Il est impératif de pouvoir justifier en cas de contrôle.

■ Prélèvement a la source

Depuis le 1er janvier 2019, vos impôts sont déduits de votre salaire directement par votre employeur, et c'est votre employeur qui s'acquittera de ce montant auprès du Trésor public.

Ce prélèvement fait par votre employeur ne dispense pas de faire votre déclaration de revenus.

Si vous avez le moindre doute, ou la moindre question, contactez le Trésor public qui vous répondra précisément en fonction de votre situation.

Il faut considérer que c'est une sorte de prélèvement mensuel automatique, pris directement sur votre salaire, mais sinon rien ne change. Si vos revenus ou votre situation familiale ont changé durant l'année précédente, vous aurez sûrement à revoir votre tranche d'imposition via le Trésor public ou via votre espace personnel du Trésor public. Là encore, un simple appel aux services des impôts et vous aurez une réponse personnalisée en cas de besoin.

Attention toutefois, si vous êtes à votre compte, vous devrez faire vous-même les démarches nécessaires sur votre espace personnel des impôts. Vous pouvez demander à l'Urssaf à payer votre impôt sur le revenu en même temps que vos paiements de cotisations mensuelles ou trimestrielles.

Attention également à ceux qui ont de grandes disparités entre les revenus de monsieur et de madame, ou qui ont des enfants ou des personnes à charge pour leur nombre de parts. Et non, votre chat ou votre hamster ne font pas partie des personnes qu'on peut déclarer à charge.

Si vous avez le moindre doute, n'hésitez pas à contacter le Trésor public, à exposer votre situation, et ils sauront vous orienter.

Faire sa déclaration d'impôts est fastidieux pour beaucoup, mais le faire correctement vous permet de ne payer que ce que vous devez et pas plus. Et cela vous évitera également d'avoir des rattrapages ou pire en cas d'erreur. Donc il vaut mieux s'en occuper correctement.

Défiscalisations simples

Saviez-vous que même si vous n'êtes pas encore riche, vous pouviez déduire un peu sur vos impôts ? Eh oui ! Je vous donne la liste des choses simples et légales :

- **Cotisations syndicats :** si vous êtes syndiqué, votre cotisation annuelle sera déduite à hauteur de 75 % sur vos impôts.

- **Dons aux associations** : si vous avez pour habitude de faire des dons pécuniaires aux associations, là encore –75 % de la somme versée fera baisser vos impôts sur le revenu. Seul élément à prendre en compte, votre don doit être inférieur ou égal à 1 000 €. Si vous réalisez un don supérieur à 1 000 €, vous aurez le droit à 66 % de réduction d'impôts.
- **Pension alimentaire** : que vous ayez une pension alimentaire pour des enfants, une personne âgée ou handicapée à qui vous donnez de l'argent, cette pension viendra réduire le montant de vos impôts. Attention, si la personne majeure n'est pas imposable, et que vous lui versez de l'argent, elle peut devenir imposable et donc payer des impôts alors que ce n'était pas le cas avant. Consultez le Trésor public ou un comptable si vous ne vous sentez pas à l'aise pour faire ces calculs.
- **Personne à charge** : là encore, que ce soient vos enfants ou une personne âgée ou personne en situation de handicap à votre charge, augmente le nombre de parts sur lesquelles vos impôts sur le revenu vont être calculés. Vos revenus, une fois divisés par le nombre de parts de votre foyer, seront moindres. Et les impôts se basant sur vos revenus, vos impôts seront proportionnellement diminués.
- **Versement épargne retraite** : l'argent que vous versez sur un Plan épargne retraite, permet également de réduire vos impôts sur le revenu.

Cette liste est bien évidemment non exhaustive, car il existe de nombreux moyens différents et cumulables de défiscaliser. Mais les astuces citées sont sans doute celles qui concernent le plus grand nombre de foyers.

Pensez bien à conserver impérativement les justificatifs de ce que vous défiscalisez.

En effet, les impôts sont en droit de vous les demander en cas de contrôle fiscal. Si vous n'êtes pas en mesure de les fournir, cela annulera la démarche, et cela entraînera des pénalités avec majoration.

Donc, conservez précieusement ces documents durant 6 ans.

Pour résumer ce chapitre, je dirais que c'est comme tout, quand on connaît, c'est facile. Ici, rien de compliqué, gardez bien en tête la pyramide de l'épargne et je ne peux que vous conseiller fortement de la respecter.

Quant aux impôts, faites les simulations pour optimiser votre choix lors de votre déclaration d'impôts sur les revenus. Si vous avez le moindre doute, contacter le Trésor public ou un fiscaliste si vos déclarations deviennent compliquées. Pour vos questions, je vous conseille de les poser par mail afin d'avoir une réponse écrite. Cela vous fera un justificatif au besoin.

Chapitre 6
Astuces et économies au quotidien

Les petits ruisseaux font les grandes rivières pour les dépenses, mais aussi pour les économies !

Il existe des solutions pour presque tout. Les solutions données ci-après ne sont que des exemples pour vous donner les schémas de pensée. Il va de soi que toutes les solutions ne seront pas applicables à tout le monde. Il faudra parfois les aménager ou trouver d'autres solutions adaptées à votre quotidien. Et pour d'autres, ça sera une évidence pour vous. Que vous les appliquiez déjà... ou pas. Servez-vous de cette liste comme check-list de ce que vous mettez déjà en place et de ce que vous pourrez ou devrez mettre en place pour votre bien.

Par contre, il est hors de question de tout sacrifier pour gérer son budget sur le long terme. Ce serait difficilement gérable. Mais en fonction de votre situation, ça peut être nécessaire durant quelques mois. C'est à vous de faire la part des choses, et de visualiser vos objectifs, vos projets, vos rêves. Il vous faudra juste faire quelques ajustements sur vos habitudes de consommation, et petit à petit, vous aurez optimisé votre budget total.

Les pages d'astuces suivantes vous aideront grandement à tenir vos objectifs. Lisez-les, et cochez celles que vous voulez mettre en place en premier. Dès que ces habitudes seront acquises, revenez sur ces pages, et cochez d'une autre couleur les prochaines étapes à mettre en place.

Fixez-vous 1 à 2 objectifs par semaine parmi les solutions suivantes. Faites-en un jeu, un challenge, et non une contrainte.

Si cet objectif est un peu ambitieux pour vous, n'hésitez pas à vous fixer un objectif tous les quinze jours par exemple. Le but est réellement de progresser sans rien lâcher afin de vous réaliser financièrement.

Économisez sur les prélèvements automatiques

Faites jouer la concurrence pour vos abonnements obligatoires. Remplacez vos abonnements de chaînes payantes, par YouTube. Stoppez les abonnements dont vous pouvez vous passer (ex. : remplacez la salle de sport par l'achat d'haltères, allez courir dehors, les magazines, etc.)

Partagez votre abonnement Wifi avec votre voisin.

Économisez sur votre logement

Avez-vous vraiment besoin d'un si grand logement ?

Aujourd'hui, on adapte le volume et la quantité de nos biens à la taille de notre logement, au lieu d'adapter notre logement au volume et à la taille de nos biens. Et une fois qu'on n'a plus de place, on prend plus grand, et on va se sentir obligé de remplir à nouveau puisque la nature a horreur du vide… cercle vicieux de la surconsommation. On est tous dans la surenchère du toujours plus. Plus grand, plus moderne, plus luxueux, plus prestigieux, du plus dans l'intégralité de notre vie matérielle.

Je vous propose de faire le tour de tout votre logement afin de prendre conscience de tout ce qui ne vous fait pas plaisir chez vous, de tout ce qui ne vous sert plus, de tous les « au cas où ». Pour l'exercice et pour information seulement à ce stade, vous pouvez faire une estimation rapide de ce que ces objets vous ont coûté à l'achat.

Vous prendrez conscience de tout ce qui vous encombre. De tout ce pour quoi vous payez des mètres carrés chaque mois pour des choses inutiles.

Peut-être pouvez-vous songer à déménager dans plus petit et ainsi faire des économies tous les mois sur votre loyer ou prêt immobilier ? Avez-vous besoin de cette chambre d'amis que vous utiliserez une fois par an, ou encore de cette salle de jeux ou bureau ? C'est juste une réflexion. À chacun de voir son mode de vie, mais je sais qu'ayant eu par le passé une maison de 120 m², j'en étais esclave. Le ménage, le jardin, les factures énergétiques, etc., c'était la corvée, et pas un plaisir, donc pour ma part, plus jamais. À côté de ça, j'ai vécu dans un appartement de 25 m², et je m'y sentais réellement bien.

Un mouvement qui commence à prendre de l'ampleur dont vous avez peut-être déjà entendu parler, les « Tiny Houses ». Ce sont, comme son nom l'indique, des petites maisons construites de manière astucieuse et qui offrent tout le confort sans payer de superflu. C'est un peu extrême, mais il existe tellement de logements différents que vous trouverez sûrement votre juste équilibre.

Je vous laisse regarder par vous-même un peu plus en détail. Je sais que ça ne conviendra pas à tout le monde, mais même si ça ne vous convient pas, ça vous donnera des idées ou les grandes lignes à adopter.

En plus de réduire le montant de votre loyer ou de votre échéance de prêt immobilier, vous réduirez également vos factures énergétiques puisque vous aurez moins à chauffer et à entretenir. Attention toutefois à choisir votre nouveau bien en tenant compte de toutes les dépenses qui y sont liées. Rappelez-vous, il n'y a pas que le loyer ou l'échéance qui est à prendre en compte.

Si vous êtes propriétaire de votre logement, peut-être pouvez-vous également regarder s'il est intéressant pour vous financièrement de mettre votre logement en location, et de louer à côté un logement moins cher pour y résider, ou de le vendre pour racheter plus petit ?

Vous avez également de plus en plus de colocations qui se sont mises en place, donc pensez-y si vous êtes célibataire et que vous recherchez une cohabitation sympathique.

Vous pouvez également louer une chambre à un étudiant ou à des touristes de passage, ou aménager une dépendance ou un garage afin de le louer. Là encore, c'est à voir au cas par cas, et si vous êtes locataire, attention à rester dans les règles.

Pensez bien à regarder le DPE (Diagnostic de performance énergétique), puisque plus la lettre est proche de A et moins vous aurez de facture de chauffage, et plus on s'en éloigne, plus vos factures seront importantes.

Réduisez le montant de votre loyer

Indépendamment du fait que vous pouvez réduire votre surface d'habitation, ou déménager dans un quartier un peu moins cher, vous pouvez également faire appel au « 1 % patronal » de votre entreprise si celle-ci en bénéficie. Ce 1 % patronal vous fera bénéficier d'un logement défiant généralement toute concurrence en termes de montant de loyer. Ce 1 % patronal vous permettra pareillement d'avoir des taux réduits si vous avez envie d'acquérir votre résidence principale.

Certaines entreprises ont également la visite d'assistante sociale si vous en avez besoin.

L'électroménager ou l'électronique

Concernant l'électroménager ou électronique : pas de chance, votre électroménager vient de tomber en panne, vous n'êtes pas bricoleur pour un sou, et vous ne connaissez personne qui pourrait vous « dépatouiller ». Avant de penser à en acheter un neuf, ou d'appeler le réparateur, essayez de voir si vous avez une association ou un repair café dans les parages. Vous y apportez votre appareil, et contre un petit billet, ils y jettent un œil et vous le réparent, ou vous aident à le réparer. Ou pas, mais s'ils ne peuvent rien faire, et bien vous êtes sûr d'avoir été au bout de la démarche.

Peut-être pourrez-vous trouver des voisins qui pourront vous dépanner en échange d'un futur service ? Des sites d'entraide entre voisins pour des services, des prêts de tondeuses ou autre, fonctionnent de plus en plus.

Vous pouvez également penser à acheter des objets reconditionnés. Vous avez des sites ou boutiques spécialisées pour cela aussi.

Réduire ses factures énergétiques

Les petits gestes au quotidien, mis bout à bout peuvent s'avérer très efficaces financièrement en fin d'année.

Changer de fournisseur d'énergie : aujourd'hui, on a le choix de notre fournisseur, mais attention toutefois aux offres alléchantes. Ne vous fiez pas aux – 10 %, etc., vérifiez vous-même si c'est intéressant pour vous.

Prenez le prix au kilowatt de l'éventuel nouveau fournisseur, et multipliez-le par le nombre de kilowatts utilisés l'an passé pour votre foyer. Comparez votre prix actuel, et le prix que cette entreprise vous aurait fait, et vous savez si c'est intéressant pour vous.

Réduisez votre chauffage de 1 ou 2 °C. En le faisant, vous réduisez votre facture liée au chauffage de 7 %. Parce que votre chauffage est le poste le plus important de dépense sur votre logement, après votre loyer/prêt immobilier.

Éteignez la lumière lorsque vous n'êtes plus dans la pièce.

Remplacez vos ampoules par des LED. Oui, c'est vrai qu'elles sont coûteuses à l'achat, mais économies garanties. Jusqu'à 250 €/an d'économies hors augmentation du prix de l'électricité.

En fonction de vos revenus, vous aurez également le droit de commander 10 LED gratuites sur Internet, donc allez vérifier si vous y avez droit.

Vérifiez l'isolation de vos fenêtres et porte d'entrée. Parfois un seul petit joint en silicone sur le chambranle de la porte, ou un petit rouleau de mousse prévu à cet effet, et encore quelques euros d'économisés. Les magasins de bricolage se feront un plaisir de vous conseiller en fonction de votre situation. C'est également valable pour les baies vitrées.

Mettez un boudin de porte pour réduire les courants d'air de la porte d'entrée.

Fermez vos volets juste avant que la nuit tombe.

Vous pouvez compléter avec des rideaux isolants. Ils ressemblent à des rideaux normaux, sauf qu'ils sont munis d'une feuille isolante entre deux couches de tissus.

Éteignez vos téléviseurs et autres appareils grâce à une multiprise qui regroupe tous les appareils en veille. Ne les laissez pas en veille, ils consomment moins, mais consomment toujours. Ça représente en moyenne 110 € sur votre facture annuelle.

Faites sécher votre linge à l'air libre ou à l'intérieur et pas en sèche-linge, vous économiserez de l'électricité, ainsi que l'usure prématurée de votre linge.

Faites votre vaisselle à la main, vous économiserez également de l'électricité. Parce que l'électricité est le poste le plus important de dépense sur votre logement après celui du loyer/prêt immobilier, surtout si vous êtes en chauffage électrique.

Si vous êtes plus à l'aise financièrement, vous pouvez carrément changer votre mode de chauffage (chauffage de la maison et chauffage de l'eau chaude sanitaire) par une pompe à chaleur et un ballon thermo dynamique, etc. Mettre des panneaux solaires pour produire vous-même l'électricité que vous consommez. C'est ce qu'on appelle de l'autoconsommation. C'est-à-dire que votre logement a ses propres infrastructures pour produire tout ou partie de l'énergie que vous consommez.

Il existe des solutions pour tous les foyers et tous les biens immobiliers.

Saviez-vous également qu'il existe de plus en plus de termes comme « maisons bioclimatiques », « maisons passives » ou encore « maisons autonomes » ? Ces maisons présentent différents degrés de besoin en énergie et donc des factures énergétiques réduites.

Les **maisons bioclimatiques** sont des maisons qui sont construites en fonction de leur orientation. Les ouvertures les plus importantes sont orientées au sud et vous trouverez très peu de petites fenêtres au nord ou exposées aux vents dominants. Cela aura pour effet d'avoir nettement moins besoin de chauffage. Et qui dit moins de chauffage, dit facture réduite.

Une maison passive est une maison qui produit elle-même la totalité ou la quasi-totalité de la consommation énergétique de ses occupants.

Et **une maison autonome** est une maison qui n'est reliée à aucun réseau. Ni eau, ni électricité, ni tout-à-l'égout. Ces maisons utilisent des techniques low-tech, comme des technologies de pointe. Ces habitats sont encore peu répandus en France, mais ce sont des procédés qui sont déjà en place dans des pays beaucoup plus froids que la France, tels que la Suède ou encore l'Autriche, qui sont beaucoup plus en avance que nous dans ces domaines.

Quel que soit ce que vous souhaitez mettre en place, faites bien attention à la société que vous choisirez. Il y en a de très bonnes, comme de très mauvaises. Et le fait que l'entreprise soit RGE ou Qualibat Qualipac n'est pas gage de qualité non plus. Ici, vous pourrez vous référer aux avis des autres clients, mais surtout au fait que la société offre une garantie constructeur. Le vendeur doit prouver à l'écrit tout ce qu'il vous dit à l'oral. La transparence est une des priorités.

Si vous manquez de confort à votre domicile, faites bien attention si vous pensez à opter pour un chauffage d'appoint du type poêle à pétrole ou radiateur électrique d'appoint, qui risque de faire sacrément grimper la facture en fin d'année. Vous ne vous en rendrez pas compte car ce sont des petites sommes ici et là, mais au cumul, ça reste intéressant.

Privilégiez dans un premier temps le contrôle de vos ouvrants (fenêtres, porte d'entrée) avec un petit joint de silicone par exemple comme vu précédemment. Pensez également à refaire votre isolation si vous êtes propriétaire, vous pourrez peut-être bénéficier de l'isolation de votre bien pour 1 € (soumis à conditions de ressources).

Si vous avez une pièce inoccupée, éteignez le chauffage dans celle-ci et fermez la porte.

Programmez votre chauffage correctement. Personne ne vous l'a encore sûrement dit, mais beaucoup de foyers qui souhaitent réduire leurs factures de chauffage réduisent de manière extrême, voire éteignent leur chauffage lorsqu'ils sont sortis et chauffent dès qu'ils rentrent. Leur chauffage va donc devoir réchauffer tout le volume de la maison ou de l'appartement très rapidement. Ce qui va vous faire consommer énormément. La bonne pratique est de baisser votre température sur les horaires où vous n'êtes pas à votre domicile, mais seulement de 3 degrés.

Votre chauffage représente 70 % de votre facture énergétique, c'est donc le poste de dépense le plus important.

Si vous êtes en difficulté financière, et que vous avez un poêle à bois ou une cheminée, vous pouvez faire appel aux Jardins du Cœur. C'est comme les Restos du Cœur mais eux, vous fournissent en bois de chauffage.

Si vous vous chauffez au bois, favorisez le poêle à bois ou cheminée à insert (foyer fermé) qui sont beaucoup plus efficaces que les cheminées à foyers ouverts (70 à 85 % plus efficaces).

Si vous pensiez au poêle à granules/pellets, pensez également que votre poêle consommera de l'électricité même si ça reste minime par rapport à d'autres sources de chauffage. Et pensez également que vous aurez à déplacer des sacs assez lourds, pour les personnes âgées ou fragiles du dos par exemple.

Programmez votre ballon d'eau chaude afin qu'il chauffe durant vos heures creuses si vous avez cette possibilité-là.

Laver votre linge à une température moins élevée. Si vous lavez votre linge de tous les jours à 60 °C, peut-être pouvez-vous le laver à 40 ou 30 °C dorénavant... Ce qui consomme le plus d'énergie sur un lave-linge, c'est de chauffer l'eau.

Faites tourner votre machine à laver durant les heures creuses. Ces heures creuses sont définies sur votre contrat d'énergie et changent en fonction de votre situation géographique et de votre contrat.

Faites tourner votre machine quand elle est pleine et sans surcharge.

Réduire sa facture d'eau

Tout d'abord, vérifiez si vous avez des fuites d'eau au niveau des robinets et de la chasse d'eau. Même si c'est un petit « goutte à goutte », si ça coule 24 h/24, ça peut vite chiffrer, donc on répare au plus vite si c'est le cas.

Si vous vivez en pavillon, vous pouvez installer un récupérateur d'eau pour arroser vos plantes et votre jardin. Et hop, encore minimum 5 € par mois d'économisés sans rien faire ou presque. Vous pouvez également vous en servir pour vos chasses d'eau si vous êtes un peu bricoleur et que l'agencement de votre maison vous le permet.

Ne laissez pas couler l'eau quand vous vous brossez les dents, ou que vous vous savonnez sous la douche.

Prenez des douches au lieu de bains. Raccourcissez le temps de vos douches. Il existe des minuteurs qui sonnent, ou des robinets qui changent la couleur de l'eau quand le temps de votre douche est écoulé.

Installez des mousseurs sur vos robinets. Vous ne verrez pas de différence de débit, et vous économiserez de l'eau. Ça peut aller jusqu'à 200 €/an pour une famille de 4 personnes.

Il existe des lave-mains au-dessus de la cuvette des toilettes qui récupèrent l'eau de votre lavage de mains pour la prochaine chasse d'eau.

Vous pouvez également mettre une bouteille d'eau pleine dans votre réservoir de chasse d'eau, et vous économiserez 1,5 l à chaque chasse d'eau tirée.

Pensez également à mettre un système de chasse d'eau double débit : un bouton pour la petite commission et un second pour la grosse commission...

Pour ceux qui le souhaitent et qui le peuvent, vous pouvez même penser aux toilettes sèches, et vous n'aurez plus ces 36 litres d'eau potable par jour et par personne en moyenne gâchés par votre chasse d'eau. Attention toutefois, si vous mettez un compost en place pour transformer vos toilettes sèches en terreau, des règles d'hygiène précises sont à prendre en compte.

Si vous en avez marre de boire de l'eau en bouteille plastique plus ou moins discutable selon les marques et qui pèsent bien lourd en revenant des courses, pensez aux filtres qui peuvent traiter votre eau du robinet. Donc soit on utilise l'eau du robinet directement, soit il existe des systèmes d'osmose inverse (mais selon moi assez chers à l'achat et qui utilisent de l'eau pour laver les filtres et qui partent à la poubelle), soit des filtres Berkey, Doulton, ou British Berkfeld par exemple (fontaine filtrante par gravité qui va purifier votre eau du robinet). Ces filtres ne consomment pas d'électricité, et ne gaspillent pas d'eau comme pourrait le faire un système d'osmose inverse installé sous votre évier.

Quand on réduit sa facture d'eau, on réduit également sa facture d'énergie, puisque vous ne chauffez plus l'eau que vous ne consommez plus.

Vous trouverez vite des automatismes et n'y penserez même plus, et à vous les économies.

Quand vous aurez un électroménager/Hi-fi/smartphone à changer, regardez dans un premier temps si vous pouvez le réparer. Sur le site de l'ADEME, vous trouverez les réparateurs proches de chez vous.

S'il n'y a vraiment rien à faire, regardez bien sur votre nouvel appareil la consommation énergétique de celui-ci. Vous aurez certainement à faire un compromis entre prix d'achat et coût énergétique à l'utilisation, mais vous pourrez le faire en connaissance de cause.

Pensez aussi qu'il existe des kits de réparation afin de prolonger la vie de votre smartphone. Vous trouverez ces kits sur Internet, ainsi que des tutoriels vous expliquant la marche à suivre. Si vous ne vous sentez pas à l'aise, vous pouvez également le faire réparer soit dans les kiosques spécialisés dans les galeries marchandes, ou encore en réparation à votre domicile.

Achat d'occasion, location, emprunt

Lorsque vous avez quelque chose à acheter, demandez-vous si vous êtes réellement obligé de l'acheter neuf. Bien souvent, vous verrez que vous pourrez soit l'acheter d'occasion, le louer auprès d'un professionnel, ou encore l'emprunter à un voisin, de la famille ou un ami. Là encore, les calculs sont de rigueur puisque parfois la location du matériel revient plus cher que son achat et éventuellement la revente derrière.

Lorsque vous avez besoin d'entretenir votre logement, vous vous rendrez compte que vous n'avez pas forcément les compétences ou le matériel pour retapisser une chambre ou tailler vos haies. Pas de panique, avant de faire appel à un professionnel, et d'acheter les outils nécessaires, pensez à regarder sur des sites de voisins solidaires afin d'emprunter ou de faire appel à un voisin qui pourra vous aider.

C'est un système de plateforme qui met en relation les personnes qui souhaitent s'échanger des services ou des objets. Ça peut concerner du bricolage, des réparations de votre informatique, des services, du troc. Tout ce dont vous pouvez avoir besoin, et ce sur quoi vous pouvez rendre service à votre tour.

Changement de décoration d'intérieur

Si vous avez envie de changer un peu le look de votre intérieur, faites un peu de home-staging. Un peu de peinture, un agencement différent et le tour est joué. Vous avez une nouvelle décoration à moindre coût. Là encore, il vous faudra faire la part des choses car les peintures en tout genre sont coûteuses, donc on privilégie l'huile de coude aux peintures magiques.

Vous pouvez soit trouver des idées sur Internet, soit faire appel à un professionnel, mais la facture finale sera forcément plus élevée dans le second cas.

Économiser sur l'alimentaire

Un des postes les plus importants dans notre vie de tous les jours, c'est l'alimentaire. Donc comment faire pour le réduire tout en conservant sa santé ?

Pour le café, vous pouvez vous faire un thermos avant d'aller travailler par exemple.

Pour la pause repas du midi au travail, vous pouvez apporter votre « boîte hermétique » ou bocal en verre avec votre « popote ».

Il n'est pas trop difficile en général, d'augmenter la quantité sur le repas de la veille au soir, hop dans un contenant hermétique, et c'est parti pour des économies substantielles. En moyenne, un salarié mange pour 10,50 € par jour travaillé. Sachant que la moyenne de jour travaillé en France est de 218, il y a de grandes chances que votre budget alimentation au travail vous coûte 2 289 €/an. Ça fait réfléchir non ? Et en plus, ce sera généralement plus sain pour votre santé que le sandwich dessert habituel.

Commencez vos courses par la fin de votre centre commercial : quand on analyse la disposition des rayons d'un grand magasin, on se rend compte que les produits « achats coup de cœur inutiles » (vêtements, vaisselle, jeux pour enfants, etc.) se trouvent à l'entrée du magasin. Vous êtes obligé de passer devant si vous suivez la marche logique, et les gérants comptent bien vous faire craquer sur des achats que vous n'aviez pas prévus sur votre liste de courses. Si si, je l'ai fait moi aussi, et plus d'une fois.

Donc, on passe rapidement le long des caisses et on fonce directement au fond du magasin, pour mettre dans le caddie uniquement ce qui figure sur la liste de courses et ne susciter aucune frustration.

On fait les courses sans les enfants : si tout est fait pour titiller vos achats compulsifs, vous vous doutez bien que pour les enfants, c'est pareil, voire pire.

Donc surtout au début, on laisse les enfants à la maison le temps des courses. Vous gagnerez du temps, vous éviterez des crises de larmes, le stress et vous réduirez le montant de vos courses.

Attention aux prix des pseudo-promotions en tête de gondole. Vérifiez bien le prix au kilo. Vous verrez qu'il est malheureusement régulièrement plus élevé que le même produit sans promotion. Sans compter que l'achat impulsif n'est pas loin, et les personnes du marketing comptent là-dessus pour vous « dérober », avec votre consentement, quelques euros durement gagnés. Donc est-ce intéressant financièrement ? Est-ce que vous en avez besoin ? Généralement les prix les plus attractifs se trouvent au centre du rayon sur l'étagère du bas.

Choisissez la marque distributeur : savez-vous que bien souvent les produits de marque et ceux des distributeurs sont conçus sur les mêmes chaînes de fabrication ?

Ce qui justifie des prix divisés par 2, voire par 4, c'est que les marques distributeurs n'ont pas de frais de publicité, et beaucoup moins de frais de marketing pour l'emballage des produits.

Faites une liste de courses afin de n'acheter que ce dont vous avez besoin et de ne rien oublier. Eh oui, quand on oublie quelque chose dont on a besoin, on y retourne. Et là, c'est la perte de temps et d'énergie, mais surtout, on revient avec les bras chargés d'autres dépenses superflues. Et c'est pareil pour tout le monde.

Vous pouvez faire le tour de vos placards, frigo, congélateur, afin de préparer la liste de vos repas de la semaine. Et ainsi, avec cette liste, vos courses seront le plus adaptées possible à vos besoins. En faisant l'inventaire de vos placards, vous risquez de vous rendre compte que vous avez de quoi faire un siège durant plusieurs jours, voire semaines, voire mois pour certains. Donc, commencez par ça, et n'achetez que des petits compléments pour vider vos stocks. Faites vos courses juste après avoir mangé. Vous n'aurez pas faim et vous serez moins tenté. Il sera plus facile de vous en tenir à votre liste de courses. Cela vous évitera de vous jeter sur les sucreries et autres cochonneries du supermarché qui sont coûteuses et mauvaises pour la santé. Qu'est-ce que j'aime quand une solution fait double bénéfice !

Stop aux plats tout prêts. Je sais, je sais, c'est la facilité et à notre époque, on court partout ! Par contre, que ce soit pour la santé, ou pour le budget, franchement, c'est loin d'être top. Je vous passerai sur le « trop sucré, trop salé, trop gras, les colorants, les conservateurs et compagnie » beurk, mais surtout, ça coûte un bras.

Vous avez des solutions pour cuisiner rapidement pour toute la semaine. Vous pouvez faire vos petits plats le dimanche, et vous n'aurez plus qu'à réchauffer. C'est une solution simple, saine et économique au doux nom de « Batch Cooking ». Et puis, si vraiment il y a un loupé, faites un écart de temps en temps, mais le reste, vous l'aurez économisé.

On bannit également les fruits ou légumes prédécoupés. Ils sont horriblement chers et pas du tout écologiques avec leurs emballages.

Stop au gaspillage. Apprenez à cuisiner les restes. Souvent peu ragoûtants, les restes ne donnent pas très envie, mais il existe des solutions « anti-gaspi ». Vous pouvez en faire des gratins, des soupes, des tartes, des compotes avec les fruits abîmés, des beignets, des hachis parmentier, etc., et vous rendrez vos restes plus appétissants.

Vous saviez que vous pouviez cuisiner vos fanes ? Eh oui ! Il existe des livres ou des recettes sur Internet pour vous donner idées et recettes, et ainsi économiser les 50 repas en moyenne qui finissent à la poubelle chaque année.

Ce que vous ne mettrez plus à la poubelle, et que vous cuisinerez différemment, représentera une moyenne de 20 % d'économie sur votre budget annuel de courses alimentaires. Donc, quand vous avez des restes, transformez, mettez votre imagination au travail et on réduit la corvée de poubelle à jeter.

Saviez-vous que vous pouvez même cuisiner vos épluchures ? Si vous vous sentez complètement perdu à cette annonce, vous trouverez beaucoup de recettes dans le livre *Les épluchures. Tout ce que vous pouvez en faire*, de Marie Cochard.

Des applications sont aussi là pour vous aider à cuisiner avec ce que vous avez dans le frigo telles que : iCuisto, Frigo Magic, Marmiton et son onglet Frigo et Cuisine Actuelle.

On choisit des **fruits et légumes de saison, ou des fruits et légumes « moches »** : les prix sont vraiment plus bas et ça évite le gaspillage.

Allez **faire la cueillette de vos fruits et légumes** de saison : vous passerez un moment agréable et économiserez en général 30 % par rapport aux supermarchés.

Attention toutefois à ne pas craquer sur les petits biscuits, miel et autres produits en caisse dont les coûts s'avèrent dispendieux.

N'y allez pas non plus les yeux fermés, les 30 % d'économies sont une moyenne, et ce n'est pas le cas partout. Par contre, vous ne pourrez pas avoir de fruits et légumes plus frais que là-bas, et vous serez également sûr que vos aliments n'auront pas été congelés ou fait un passage au frigo au préalable. Et puis c'est un moment agréable à passer en famille loin des boutiques. Par ailleurs, quelle belle pédagogie pour vos enfants.

Faites votre propre potager, que ce soit dans votre jardin, sur votre balcon ou dans les jardins familiaux de votre ville (toutes les communes n'en ont pas). Vous aurez le plaisir de voir pousser vos propres légumes et aromates, et ils n'en seront que meilleurs en goût et en satisfaction.

Vous n'avez pas besoin de beaucoup de place pour faire votre petit potager, vous avez des solutions de petites serres ou de cultures verticales qui vous permettront de mettre en place votre potager.

Choisissez les dates courtes : en choisissant les dates courtes sur votre alimentaire, vous évitez de gaspiller ces denrées, et les centres commerciaux baissent les prix afin de ne pas avoir à les jeter. C'est gagnant-gagnant. Charge à vous de les manger rapidement afin que ça n'encombre pas vos poubelles. Vous pouvez également les placer au congélateur si les produits n'ont pas déjà été congelés. On ne plaisante pas avec la chaîne du froid.

Vous avez également des magasins spécialisés en dates courtes, donc si vous en avez un proche de chez vous, essayez et vous verrez une grosse différence sur votre ticket de caisse.

Rendez-vous sur votre **marché juste avant la fermeture** : en fin de marché, il reste des invendus sur les étals, et vous pourrez arriver à négocier les prix de manière significative en général.

Maîtriser son ticket de caisse. Ça vous est déjà arrivé de faire vos courses, de remplir votre chariot, et qu'on vous annonce un montant beaucoup plus élevé que prévu une fois en caisse ?

Deux raisons à cela, soit la caissière a fait une erreur, soit vous vous êtes emballé à remplir le fameux Caddie. Si c'est la caissière, une vérification juste après le passage en caisse s'impose, et direction l'accueil du magasin pour remboursement. Si toutefois, ce sont vos débuts, on ne lâche rien et on fera mieux la prochaine fois.

On calcule au fur et à mesure dans le magasin, le prix de chaque achat déposé dans notre panier de course. Je vous conseille d'arrondir chaque prix à l'euro supérieur comme ça, ça simplifie le calcul et la surprise est dans le bon sens une fois en caisse. Ça laisse également le temps de réfléchir aux achats inutiles, et de les reposer dans leur rayon avant la caisse.

Pour vous aider, vous avez depuis quelques années un autre mode de course : **le drive**. Quelle que soit l'enseigne, ça vous permet de faire vos courses juste après avoir bien mangé et bien au chaud dans votre canapé. Pas de tentation de tête de gondole ou de superflu. Et vous pouvez faire un point avant de valider votre commande si vous avez du superflu dans votre panier, et le retirer avant validation. Vous aurez également un onglet « promotion », donc commencez vos courses par là, et complétez ensuite avec le reste des rayons virtuels. Vous connaissez le montant exact de votre commande avant de la valider.

Cuisinez vos petits biscuits : assez simples et rapides à faire, faites vos petits biscuits, ils seront plus sains et plus économiques pour vous et vos enfants. Et en plus, ça réduit les poubelles. Même si l'idéal, c'est de proscrire le sucre raffiné, et de ne manger que le sucre des fruits. Mais bon, on n'a qu'une vie et chacun fait comme il veut.

Réduisez votre consommation de viande : la viande, c'est ce qui vous coûte le plus cher dans votre Caddie. En réduisant votre consommation de viande, le ticket de caisse baisse. Oui, mais on a besoin de protéines pour notre santé, me direz-vous. Oui, effectivement, mais les légumineuses sont peu chères, et remplacent très bien la protéine animale.

Donc si vous en mangez midi et soir, peut-être pourriez-vous penser à diviser par deux votre consommation de viande ? En plus, ce sera meilleur pour votre santé.

Vous pouvez également vous faire des journées sans viande par exemple. Attention toutefois, si vous décidez de ne plus manger de viande. Veillez à bien vous renseigner, voire à vous faire suivre, afin de compenser les carences liées au déficit de consommation de viande.

Stop aux sacs de courses achetés toutes les semaines. Oui, je sais, ça ne coûte que quelques euros. Mais en attendant, c'est bien encombrant d'avoir 15 milliards de sacs dont on ne sait plus quoi faire à la maison. Soyez prévoyant et organisé. Laissez toujours quelques sacs dans votre coffre, comme ça, même en cas de courses non prévues, vous en aurez toujours sous la main, et fini les sacs qu'on ne sait plus où stocker.

Attention à la « **shrinkflation** ». Qu'est-ce que c'est que ça ? Ce nom un peu barbare désigne la situation où les prix ne baissent pas sur un produit, mais que la quantité de produit à l'intérieur de votre paquet diminue. Admettons que vous achetez toujours le même paquet de biscuits depuis des années à 2,50 €, celui-ci sera toujours à 2,50 €, mais au lieu d'avoir 500 g de biscuits, vous n'en aurez plus que 450 g. L'entreprise vous laisse penser que rien ne change, mais ils font des économies sur votre dos, et vous, vous aurez des biscuits plus petits. Le tout, c'est de le savoir.

Pensez à l'**application qui lutte contre le gaspillage alimentaire** : c'est une application qui vous permet de visualiser les boulangeries, par exemple, qui mettent en vente leurs invendus, à prix cassé (entre – 20 et – 50 %), pour lutter contre le gaspillage alimentaire. Vous réservez les produits sur l'application, et il n'y a plus qu'à aller les chercher. Cette application, c'est « To good, To go » ou une nouvelle dont je viens de faire connaissance, c'est « Phoenix ».

Vous avez également une application qui vous permet d'aller cueillir vos fruits gratuitement : cette application vous permet de géolocaliser les points de récoltes de fruits dans des lieux publics. Ce site est mis à jour par les collectivités, ainsi que par les particuliers. Vous pourrez ainsi repérer les points de récoltes gratuits. Cette application s'appelle « Falling fruit » et coûte un peu moins de 5 € à l'installation.

Économisez sur vos transports et voyages

Avez-vous vraiment besoin de deux voitures ? On cède facilement à la facilité d'avoir deux voitures pour un couple. D'aller chercher le pain en voiture. Si l'un des deux ou les deux peuvent aller travailler en transport, avez-vous vraiment besoin de deux voitures ?

On a coutume de dire qu'une voiture coûte 500 €/mois à son propriétaire. Dans ces 500 €, on compte l'amortissement de la voiture (ce qu'elle a coûté à l'achat), l'entretien courant, les pannes, l'assurance et le carburant... Peut-être pouvez-vous remplacer une des deux voitures par un vélo... un vélo électrique, ou un peu de marche... Et en plus, vous économiserez la salle de sport. Que du positif pour les courageux. Qui dit voiture, dit entretien et réparation un jour ou l'autre.

Vous avez des garagistes qui proposent aujourd'hui de vous aider à faire vous-même vos réparations ou entretien courant : les « self garages ». Pas besoin d'être un génie de la mécanique, des mécaniciens professionnels vous conseillent en cas de besoin. Et surtout, vous avez le pont de levage et autres outils à votre disposition. Ce n'est pas gratuit, mais ça allège clairement la facture.

Si ce n'est vraiment pas votre truc, vous avez également la possibilité d'aller sur un comparateur de garage sur Internet tel que : ID Garage, Vroomly, Macagoo, etc. Vous devrez préciser votre localité, la réparation à faire ainsi que votre véhicule, et hop, vous visualisez en coup d'œil les tarifs et prestations des garages proches de chez vous. Personnellement, j'ai économisé 350 € sur le changement de ma courroie de distribution. Autant vous dire que j'étais ravie.

L'éco-conduite : comme on le sait tous, le prix de l'essence/gasoil a bien augmenté ces dernières années, donc le moment est venu de nous mettre à l'éco-conduite. Comment mettre en pratique ?

Dans un premier temps, on adopte une conduite fluide et on anticipe les stops, les feux rouges et les voitures un peu proches de vous. Inutile d'accélérer alors que vous voyez que vous arrivez sur un stop ou un feu rouge. Vous allez consommer beaucoup d'essence et piler sur vos freins… et en plus c'est dangereux, donc pour rouler malin, on roule « cool » !

On essaie d'avoir un compte-tour toujours entre 2 000 et 2 500 tours minute pour que votre voiture consomme 15 % de moins de carburant.

On gonfle les pneus correctement. Vous saviez qu'en faisant attention à ce que vos pneus soient toujours bien gonflés, vous économisez 4 % de carburant ? Et le fait d'avoir vos pneus ni trop gonflés, ni pas assez, augmentera également la durée de vie de vos pneus.

On adopte le régulateur de vitesse afin de moins consommer, et en plus, on évite les amendes, que du positif.

Et une dernière chose, lorsque vous n'appuyez sur aucune pédale (ni freins, ni accélérateur), vous ne consommez presque plus rien, si ce n'est rien du tout, donc il n'y a plus qu'à mettre ses petites habitudes en place, si ce n'est pas déjà fait.

Bon OK, une autre dernière chose, si votre véhicule le permet, mettez votre ordinateur de bord sur consommation d'essence en temps réel, surprise assurée, et vous pourrez ajuster votre conduite. Par contre, toujours la priorité à la route.

Carburant : comme on le disait, le prix de l'essence et du diesel ne cesse d'augmenter, et les prix sont variables d'une station-service à l'autre. Donc, pour faire le meilleur choix, vous avez des applications sur votre téléphone qui vous donnent tous les prix des stations-service proches de là où vous vous trouvez. Comme cela, vous pouvez trouver rapidement celle qui est la plus avantageuse pour vous.

Voyagez malin. Qui dit économiser sur le budget voiture ne veut pas dire se terrer en ermite chez soi.

Il existe des solutions pour continuer à bouger :

- **Covoiturage :** « Blablacar » ou « Citygo covoiturage » pour ceux qui ne connaissent pas, sont des sites qui mettent en relation des personnes qui vont d'un point A à un point B en voiture et pour qui il reste des places.
- **Vous pouvez être passager :** réservez votre place sur le site, en fonction du jour et de l'heure qui vous convient et des personnes qui vont au même endroit au même moment. Il vous faudra peut-être être un peu flexible, mais vous voyagerez en toute sécurité et pour peu cher. Vous avez des fiches avec le descriptif de la personne que vous choisissez et les commentaires qu'ont laissés les passagers précédents.
- Si vous pouvez être passager, **vous pouvez également être conducteur** et récupérer quelques sous pour rentabiliser votre trajet. Vous aurez ce même descriptif pour bien choisir vos passagers. Ils ont pensé à tout : animaux ou

pas, cigarettes ou pas, bavard ou pas… Il ne reste plus qu'à faire votre choix.

- **Compagnie de bus low cost :** il existe plusieurs compagnies de bus à ce jour qui proposent des trajets pour pas cher. Ces bus vous permettront de vous déplacer partout pour quelques euros : en France, en Europe. Si vous avez du temps et un petit budget, allez y jeter un œil, vous y trouverez probablement votre bonheur. Sur Blablacar, vous aurez également des voyages en bus à prix cassés. Bien évidemment, ces solutions sont davantage recommandées aux personnes voyageant seules, ou à deux. Pour les familles, ce ne sera pas forcément la solution la plus adaptée, mais encore une fois, c'est à chacun de voir.
- **Voyage en train :** vous trouverez des billets « tour d'Europe » à des prix très avantageux.
- **Voyage en avion :** pour préparer vos vacances, je vous conseille de comparer les 3 solutions suivantes :
  - Si vous avez un comité d'entreprise, commencez par regarder ce qu'il propose. En fonction de la taille de votre entreprise et de son comité d'entreprise, vous pouvez tomber sur des pépites financièrement sympathiques.
  - Regardez les comparateurs de vols. Rentrez vos dates de départ souhaitées, et cochez la case horaire flexible pour optimiser les prix.
  - Pour des billets moins chers, réservez soit longtemps à l'avance ou au tout dernier moment. Réserver son billet le mardi dans la soirée serait également conseillé, mais je n'ai pas eu l'occasion de vérifier.

Si vous consultez les prix avant la réservation sur un terminal (PC ou téléphone portable), faites votre réservation d'un autre poste. Ça évitera de payer plus cher, car certains algorithmes sont là pour ça.

- Pensez également à regarder le comparateur pour votre logement sur place.
- Pensez par ailleurs aux sites d'échange de domiciles, ou d'hébergements gratuits contre un canapé ou une chambre d'amis. Là encore, ça ne s'adaptera pas forcément si vous partez en famille. Vous pouvez également vous loger gratuitement en vacances, contre le fait de vous occuper des animaux de compagnie des propriétaires.
- **Voyage en bateau :** vous pouvez pareillement faire du cobaturage grâce à de nouvelles applications. Le principe est le même que pour le covoiturage, mais en bateau. Sympa pour les prochaines vacances.

Cela fait déjà un nombre non négligeable de solutions pour alléger la facture, non ?

Économiser sur le prix de vos produits d'hygiène : corps et maison

Un foyer français dépense en moyenne 15 € par semaine et par personne pour tous ces produits nettoyants corps et maison. Pour une famille de 4 personnes, cela représente une somme de 60 €/mois, donc 720 € par an. Oui, ça donne à réfléchir…

Divisez les quantités de produit par deux

Certains industriels savent y faire pour que vous ayez à racheter plus souvent vos produits d'hygiène : dentifrice, shampoing, gel douche, produit vaisselle, lessive, assouplissant, etc.

Les goulots des produits plus larges font en sorte qu'on utilise plus de produit à chaque utilisation. Donc à nous de faire attention et diviser par 2 nos quantités habituelles et ainsi acheter nos produits moins souvent, mais avec toujours autant d'efficacité.

Faites vos produits ménagers vous-même

De plus en plus de personne le savent, mais il existe des recettes simples et efficaces (voire plus efficaces que les produits industriels), qui vous permettent de faire vous-même votre propre lessive, votre produit désinfectant pour récurer, pour vos toilettes, votre lave-vaisselle, votre liquide vaisselle, etc.

Une fois que vous maîtriserez le tout, ce sera moins cher et plus sain pour la santé. Pas de produit chimique pour vous, et beaucoup moins de poubelles à jeter. En résumé, que du bonheur.

Il existe des livres et des sites où il vous est possible de trouver des recettes, et il n'y aura plus qu'à tester et trouver celles qui vous conviennent le mieux. C'est ludique pour les enfants, et surtout rapide à faire pour les parents.

Faites vos produits d'hygiène vous-même

Tout comme pour les produits ménagers, en suivant les bonnes recettes, c'est rapide, facile et ludique. Et en plus, tout comme pour les produits pour la maison, vous aurez la corvée de poubelle beaucoup moins souvent. Un geste pour le portefeuille et un geste pour la planète. Ça, j'aime.

Pour ceux qui ne le souhaitent pas, vous trouverez différentes sortes de shampoing et savons solides qui sont beaucoup moins chers, et durent beaucoup plus longtemps que les gels douche et autres flacons en plastique de votre magasin. Et bien meilleurs pour la santé. Certains demandent un temps d'adaptation, mais une fois qu'on a trouvé le bon, c'est adopté.

Pensez 0 déchet

Vous n'en avez pas marre de tout le temps acheter des produits ? Ces mêmes produits que vous devez vous embêter à mettre à la poubelle ? Ça prend du temps à acheter, ça prend du temps à mettre à la poubelle, ça prend du temps de jeter les poubelles et en plus ça pollue la planète... sans compter la dispute avec le conjoint pour savoir lequel sera de corvée... et puis, c'est mauvais pour la santé. Par exemple : est-ce que vous saviez qu'il y a des pesticides dans les serviettes hygiéniques ?

Je ne sais pas pour vous, mais personnellement, ça me met en colère de dépenser de l'argent pour m'empoisonner...

J'aborde le sujet avec des exemples de solutions dans le chapitre « Zéro déchet ».

Économisez sur le prix de vos vêtements

Avant d'acheter de nouveaux vêtements :

- faites le tri dans ce que vous avez déjà dans les placards ;
- triez tout ce que vous avez dans les placards ;
- triez par type de vêtements, ainsi, vous allez redécouvrir des vêtements que vous aviez oubliés. Vous saurez exactement ce que vous avez, et vous ne serez pas tenté de racheter le même vêtement.

Achetez en seconde main/friperie

Je vous rassure tout de suite, le but n'est pas de vous habiller de guenilles.

Plutôt que d'acheter des vêtements dans vos boutiques habituelles, qui vont vous durer un an ou deux, allez faire un tour dans les friperies ou autres boutiques de vêtements de seconde main. Vous trouverez des petites pépites en très bon état et parfois avec l'étiquette de vente, donc que du bonheur à moindre prix.

Vous avez également des sites Internet spécialisés sur Facebook, Vinted, Vide dressing, Vestiaire Collective, Le Bon Coin, ou autre… Il n'y a plus qu'à trouver votre bonheur.

Faites le tri et vendez les vêtements que vous ne portez plus

Combien de femmes a-t-on entendu dire « je n'ai rien à me mettre », alors même que leur penderie déborde littéralement de « fringues » ? Oui, mais, dans le lot, combien d'habits vous vont encore ? Combien sont encore portables ? Combien d'habits avez-vous plaisir à porter ? Etc. Je parle des femmes, mais idem pour les hommes, hein…

Bien trop souvent, on a tellement de vêtements qu'on rachète des pièces qu'on a déjà, donc partez à la découverte de vos habits oubliés.

Faites le tri, et vendez ce qui est en bon état. Faites des chiffons avec les fripes et le reste, c'est pour le recyclage. Et hop, on sait enfin où on en est dans sa penderie, et on en retire des petits bénéfices. Une fois la penderie gérée, faites de même pièce par pièce dans la maison. Vous pouvez vendre sur Leboncoin, Vinted, les vide-greniers, ou des dépôts-ventes en fonction de ce dont vous voudrez vous débarrasser.

Surconsommation

Ça vous est déjà arrivé de tomber sur un objet que vous avez acheté il y a peu de temps, et de vous dire « mais pourquoi j'ai acheté ça ? »

Eh bien oui, c'est arrivé à tout le monde. C'est pour éviter ça que je vais vous donner ces petites astuces. Comme je vous le disais dans un chapitre précédent, il faut arriver à mettre en place quelques réflexes d'achats :

- Se demander si l'on en a vraiment besoin.
- Si on en a vraiment envie, cela nous fera-t-il encore plaisir de l'avoir dans un mois ou un an.
- Se donner une semaine ou un mois de réflexion avant de l'acheter.

- Attendre d'avoir économisé pour se l'acheter. Ça vous évitera de creuser votre découvert, et ça vous laissera le temps de la réflexion. Et en plus, le prix aura peut-être baissé d'ici là.

Les soldes : quel bonheur pour les *shopping addicts*, mais Bérézina assurée pour votre compte bancaire et les économies durement mises de côté si on ne fait pas attention.

Et surtout, dans la frénésie du moment, on achète tout et n'importe quoi. Des vêtements qu'on a déjà, des choses qui ne nous mettent pas forcément en valeur, et c'est comme ça qu'on retrouve le fameux « je n'ai rien à me mettre » devant sa penderie qui déborde.

Donc si vous voulez vraiment optimiser vos achats soldés :

- Faites une liste de ce dont vous avez besoin.
- Ne piochez pas dans la nouvelle collection sournoisement mise en évidence pour vous déclencher les achats coups de cœur à plein tarif.
- Laissez votre carte bleue chez vous et partez faire les boutiques avec une somme que vous ne pourrez pas dépasser.

Codes promotion

Lorsque vous avez besoin de faire des achats sur Internet, vous pouvez taper dans votre moteur de recherche « code promotion », suivi de l'enseigne où vous voulez faire votre achat. Ça ne fonctionne pas à tous les coups, mais parfois, on trouve des codes promotion permettant d'économiser quelques euros.

Ne vous laissez pas non plus tenter par les SMS ou mails de codes promotion que vous recevez de vos enseignes favorites tels que « –50 % sur tous vos parfums… », etc. Est-ce que vous avez besoin d'un parfum ? Est-ce que vous avez un parfum à acheter pour un cadeau à venir ?

Si vous ne vous sentez pas assez fort pour être raisonnable à la vue de ses petits mots doux susurrés par vos écrans, mettez-les en spam. Et c'est possible aussi bien pour les mails que pour les SMS.

Définissez un temps de réflexion pour vos achats vestimentaires sur Internet.

Parfois, on a des envies irrépressibles de s'acheter de nouveaux vêtements, que la raison soit légitime ou non, on n'y coupe pas, c'est comme ça.

Ce que je vous propose, c'est de remplir votre panier virtuel, à ce stade-là, faites-vous plaisir. Vous verrez que ça satisfera déjà votre envie, car votre cerveau va assimiler ce moment plaisir.

Ensuite, vous fermez votre application ou votre ordinateur. Revenez-y quelques jours après, si l'envie ou le besoin est toujours là, eh bien vous faites le tri sur ce que vous avez présélectionné. Et soit vous recommencez en attendant quelques jours, ou vous validez la commande si elle vous semble satisfaisante.

Vous verrez que rien qu'en faisant ça, le montant de la facture va être beaucoup moins important, et que vous aurez évité des achats qui ne vous conviennent pas (coupes, couleurs ou prix qui ne vous conviennent pas).

Un petit peu de couture, ça vous tente ? Peut-être pouvez-vous faire un petit point de couture sur une paire de chaussettes ou autre vêtement un peu abîmé, ou recoudre un petit bouton ?

Encore une fois, le but n'est pas de s'habiller de guenilles, mais si on peut allonger la durée de vie d'un vêtement tout en faisant en sorte que ça ne se voit pas, c'est toujours ça à ne pas racheter tout de suite.

Économisez sur les dépenses de vos enfants

Comme on le sait, tous les enfants changent très régulièrement de vêtements, car ils grandissent bien vite. Vous avez certainement des amis dans votre entourage avec qui vous pourriez donner/échanger les vêtements en bon état en fonction de l'âge de vos enfants respectifs.

Concernant **la garde-robe** de vos moussaillons, vous avez les vide-greniers, vente entre particulier, etc., où vous serez contents d'acheter des vêtements en bon état et pour quelques euros.

Matériel de puériculture : là encore, on regarde les secondes mains, que ce soit en vide-grenier ou sur Internet. Même si vous n'avez pas envie de tout acheter d'occasion, vous ferez déjà quelques économies substantielles.

Fournitures scolaires : vous pouvez acheter les cartables en seconde main, ou encore vous réunir avec d'autres parents d'élèves afin de faire des commandes groupées pour les fournitures scolaires.

L'argent de poche : bien évidemment, il est important de préparer l'avenir des enfants, et bien évidemment il faut les familiariser avec la gestion de l'argent. Par contre, j'ai vu trop de parents se mettre dans l'embarras alors qu'ils donnaient des sommes au-delà de leurs possibilités à leurs bambins ou adolescents.

C'est en vous voyant faire qu'ils vont copier vos habitudes de dépenses et d'achats, donc soyez juste et adaptez une méthode et un montant qui convient à votre budget.

Vous pouvez, soit leur donner une somme en liquide tous les mois, soit leur faire un virement permanent sur leur épargne, soit leur donner à la demande en fonction de ce que vous aurez décidé comme bon pour eux, et pour votre portefeuille. Définissez ce qui est opportun, et appliquez.

Si vous avez du mal avec votre gestion financière, il y a de fortes chances que votre enfant ait également des problèmes financiers par la suite. Apprenez-leur les bons réflexes et expliquez-leur avec des mots adaptés à leur âge.

Attention, ça ne va pas plaire à tout le monde. On arrive à un point sensible, **les cadeaux** des enfants : oui, les enfants sont la prunelle de nos yeux et on a envie de les gâter. Que vous soyez leurs parents, grands-parents, oncle, tante ou peu importe.

Mais est-ce que leur donner tout ce qu'ils veulent sur le plan matériel, c'est dans vos moyens ? Et est-ce que ce sont les valeurs que vous voulez leur inculquer ? Est-ce qu'ils mesurent votre amour, grâce à ce que vous leur offrez de matériel, ou en attentions et en bons moments avec vous ?

Savez-vous combien de jouets, en moyenne, ont les enfants pour Noël, en France ? Ce ne sont pas moins de 23 cadeaux par enfant, ça fait réfléchir non ? Soulignons que, c'est une moyenne, il est bien évident qu'il y a beaucoup d'enfants qui n'en ont pas ou peu. Et c'est pour ça que vous pouvez désencombrer les jouets avec lesquels vos enfants ne jouent pas ou ne jouent plus. Vous pouvez les donner à des associations, et ils feront des heureux.

Est-ce qu'au lieu de cinq jouets, ils ne préféreraient pas un beau jouet et un bon moment avec vous ?

Vous pouvez peut-être leur faire un carnet de bons pour des cadeaux avec des activités : partie de ballon, promenade à vélo, cinéma, etc. Et ils pourront s'en servir lorsqu'ils en auront envie.

Malgré tout, favorisez vos achats de Noël en octobre ou novembre, car de nombreuses enseignes augmentent les tarifs des jouets en décembre. Vous pouvez également faire vos achats tout au long de l'année, que ce soit pour Noël ou les anniversaires. Ainsi, vous pourrez équilibrer votre budget même en décembre.

Économisez sur vos frais de santé

Les frais de santé peuvent vite devenir un fardeau. Si on a un rhume de temps en temps, ça va. Par contre, quand on a une santé un peu fragile, une maladie lourde, ou simplement besoin de soins dentaires ou de vue, rien ne va plus, les factures de santé grimpent très vite. Donc, mieux vaut y être préparé et anticiper.

Votre mutuelle : tout d'abord, faites jouer la concurrence pour votre mutuelle. Il en existe des indépendantes ; mais votre employeur, votre assureur, votre banque peuvent également vous proposer des mutuelles. Donc faites un rapide bilan de vos besoins et comparez les différentes offres ainsi que leurs tarifs.

Si vous choisissez de vous passer de mutuelle, je ne saurais que trop vous recommander de mettre l'équivalent d'une cotisation de mutuelle chaque mois sur une épargne de votre choix dédiée uniquement à vos soins de santé. Ainsi, si un jour, vous avez une grosse somme à payer, vous aurez votre petit bas de laine pour assumer cette charge et vous soigner correctement.

Si par contre vous avez une mutuelle obligatoire par le biais de votre employeur, je vous conseille de bien faire attention à la couverture que celle-ci offre. Si votre mutuelle obligatoire est chère, malgré la participation de votre entreprise, et offre une faible couverture pour vos besoins, rien ne vous empêche de prendre la couverture minimum auprès de votre mutuelle obligatoire, et une seconde à côté qui répondra à vos besoins supplémentaires. Ce sont des calculs un peu fastidieux, mais en fonction de vos besoins, ça peut vous soulager financièrement.

Sachez également qu'en fonction de vos revenus (maximum 12 921 €/an pour une personne seule par exemple) vous pouvez bénéficier de la CSS qui remplace par un contrat unique l'ACS et la CMU-C. Vous pouvez en faire la demande en ligne via votre compte Ameli.

Lorsque vous recevez vos **relevés de Sécurité sociale**, que vous pointiez ou pas les remboursements, avez-vous déjà lu attentivement les premières lignes avant votre tableau de remboursements sur la période ?

Rassurez-vous, peu de personnes le font, et pourtant... en général, lorsque vous avez une mutuelle, la Sécurité sociale adresse directement vos feuilles de soins à votre mutuelle, pourtant ce n'est pas toujours le cas. Et c'est dans ces premières lignes que vous saurez si ça a été transmis, ou non. Si votre décompte de frais de santé indique que les frais suivants n'ont pas été transmis à votre mutuelle, il vous suffira de faire suivre rapidement ce décompte à votre mutuelle, et votre mutuelle vous versera les remboursements dus, suite à vos dépenses de santé. Si vous tardez trop à faire suivre, la mutuelle n'en tiendra pas compte et ce sera perdu pour vous.

Soins à l'étranger : de plus en plus de personne en quête d'économies se tournent vers l'étranger afin de se faire soigner à moindre coût. Que ce soit pour les soins dentaires, la chirurgie esthétique, etc. Attention, si ces pratiques peuvent vous faire faire des économies, il y a toutefois des risques en termes de suivi, si vous avez des complications.

Il vous faudra également faire attention à la qualité des soins proposés. Tout comme en France, il y a de bons médecins, et des moins bons, tout comme il y a de bons centres de soins, et des moins bons, donc soyez vigilant.

Saviez-vous que vous pouvez demander un **bilan de santé gratuit** à la CPAM tous les cinq ans ?

Il existe aujourd'hui des **pharmacies discount**, peut-être en avez-vous une près de chez vous ?

Concernant **l'optique**, vous avez aujourd'hui des opticiens dans certaines pharmacies qui vous proposent des consultations et des lunettes à prix attractifs. Vous pouvez également commander vos lunettes et verres sur Internet pour faire des économies.

Comme pour tout, soyez vigilant et adaptez la solution choisie à votre situation et ne vous lancez pas tête baissée, analysez et dépensez de manière avisée.

Économisez sur vos séances « bien-être »

Avez-vous déjà calculé combien vous coûtent esthéticienne, coiffeur, massage et produits de beauté ? Mis bout à bout, cela peut représenter une somme rondelette. Bref, on va essayer de faire au mieux pour les astuces.

Le coiffeur : est-on obligé d'y aller une fois par semaine ? Vous trouverez très facilement sur Internet des solutions pour vous couper les cheveux seul(e). Faites attention au tutoriel que vous allez suivre, mais personnellement, je trouve ça top. Pour les colorations, vous pouvez prendre des couleurs de grandes surfaces, ou chez un grossiste de produits d'esthétique... Attention, surtout si vous voulez passer d'une couleur cuivrée à un blond par exemple, vous risquez de vous retrouver avec une couleur non définissable, voire verte, donc renseignez-vous avant.

Pour les coupes, vous pouvez choisir d'aller chez les coiffeurs des centres commerciaux au rayon des shampoings, gels douche et dentifrices... Il n'y en a pas dans tous les centres commerciaux, et ils ne feront que la coupe de cheveux (il faut y aller cheveux propres et sans aucun produit coiffant appliqué), mais les coiffeurs sont des professionnels et je n'ai jamais été déçue.

L'esthéticienne : peut-être pouvez-vous trouver une bonne copine pour tirer sur votre bande de cire ?

Onglerie : vous pouvez acheter vos produits et votre lampe UV afin de faire vos ongles : vernis semi-permanent ou faux ongles. Ça vous demandera peut-être un peu de concentration au début, mais tout s'apprend. Ça représente un petit budget à l'achat, mais au bout du compte ce sont de grosses économies. Pensez bien à laisser respirer vos ongles de temps en temps, ça vous évitera le risque des vilaines mycoses…

Les massages : vous pouvez acheter un pot d'huile de coco qui vous servira pour nombre de choses, mais aussi d'huile de massage. Demandez à votre chéri(e) ? Ou sinon, réduisez peut-être le nombre de fois où vous allez vous faire masser.

Vous avez, pour tous ces professionnels, des écoles qui recherchent des « modèles » afin que les étudiants puissent se faire la main, et la facture se réduit à nouveau, tout en prenant soin de soi. Il existe également des écoles de restauration proposant ce genre de service. C'est gagnant pour eux et pour vous. Il n'y en a pas partout en fonction de votre lieu de résidence, mais pour celles et ceux qui en ont proches de leur domicile, c'est un bon plan à considérer.

Économisez sur vos loisirs, sorties et vacances

42 % des Français ne partent pas en vacances chaque année. C'est un chiffre important, pourtant je suis sûre que dans ces 42 %, il y a des personnes qui auraient pu se payer des vacances. Pas toutes, bien évidemment, et rien ni personne n'oblige à prendre des vacances, mais quand ça manque à la personne ou la famille, branle-bas de combat, on trouve des solutions. Certaines personnes se plaignent de ne pas avoir les moyens de partir, mais quand on y regarde de plus

près, on s'aperçoit qu'elles ont fait des activités aussi chères (piscine, fête foraine, cinéma, casinos, etc.) que ce que leur auraient coûté des vacances dépaysantes. Si c'est un choix, rien à redire ; par contre si ce n'est pas un choix, voyons comment on peut faire différemment.

Voici quelques idées de sorties gratuites, ou peu chères.

- Pique-nique en couple ou en famille.
- Fêtes organisées par les communes (fête de la musique, marchés de Noël, carnaval, 14 juillet, guinguettes, etc.).
- Balade à vélo, à rollers ou à pied.
- Randonnée ou balade en forêt, en campagne, à la plage, ou en ville (si peu ou pas d'achat en boutique).
- Faire un jeu de société ou un puzzle.
- Visiter un musée : ils sont gratuits tous les 1ers dimanches du mois. Vous pourrez également visiter les musées gratuitement grâce à « la Nuit européenne des musées ». Ces visites se font un samedi de chaque mois de mai entre le coucher du soleil et 1 h du matin.
- Faites-vous un film ou un dessin animé en famille à la maison.
- Cultivez votre jardin, potager ou votre balconnière avec les enfants.
- Cuisinez en famille : sucré et/ou salé.
- Allez à la bibliothèque municipale.
- Visitez une ferme ou une écurie. Les fermes pédagogiques sont intéressantes pour petits et grands.
- Campez dans votre jardin.
- Faites une sortie à la cueillette proche de chez vous : fruits et légumes fraîchement cueillis, quel régal !

- Faites-vous un dîner aux chandelles à la maison.
- Réservez votre restaurant sur la The Fork. Vous économiserez jusqu'à 50 % de l'addition.
- Pensez aux sites d'hébergement de voyageurs à l'étranger contre une bonne soirée avec de nouvelles connaissances.
- Allez garder les animaux de compagnie de personnes en vacances, contre votre hébergement à leur domicile.
- Renseignez-vous en mairie ou à l'office du tourisme, ils pourront vous donner d'autres idées d'activités proches de chez vous.
- Soyez bénévole : sur certaines activités, vous pouvez donner de votre temps contre des entrées gratuites. Ça peut être le cas pour tout ce qui est festival, spectacle, concert par exemple, si vous êtes fan des 24 h du Mans, peut-être pouvez-vous être commissaire de piste, etc.

Voici quelques idées, pour des vacances à moindre coût.

- Choisissez une destination peu chère.
- Partez hors saison : si vous souhaitez partir à l'étranger, cherchez les dates les moins prisées. Vous aurez peut-être un peu moins de soleil, un peu moins de neige, etc., mais aurez fait votre voyage en déboursant moins, voire beaucoup moins.
- Réservez très en avance, ou au contraire en dernière minute.
- Aidez-vous des comparateurs de vols et de logements sur Internet, tels que Liligo, Trivago, Kayak… Une fois votre vol trouvé, aller directement sur le site de la compagnie aérienne pour réserver moins cher en général. Pareil pour les hôtels.
- Vous pouvez faire du « home sitting » : beaucoup ont peur des cambriolages lors de leurs vacances, et ils proposent de vous faire bénéficier de leur logement gratuitement contre

du gardiennage. Leur logement est habité, donc moins attirant pour les cambrioleurs, et vous avez des vacances sans frais d'hébergement. C'est gagnant-gagnant pour tout le monde.

- Vous pouvez faire du « pet sitting » : le principe est le même que le « home sitting », à part que vous garderez en plus l'animal de compagnie des propriétaires le temps de leurs vacances.
- Il existe également des plateformes d'échange gratuit de logements durant vos vacances. Vous donnerez l'accès à votre domicile durant votre absence, et en échange, vous aurez accès au logement d'un autre membre de cette plateforme Vous pourrez trouver ces solutions sur les sites suivants par exemple : toichezmoi.com, colocation-adulte.fr, caribexpat.com, homeexchange.fr, intervac.com, couchsurfing.com, globafreeloaders.com, bewelcome.org, intervac.com, homelink.fr, switchhome.org, stay4free.com, talktalkbnb.com, le prochainvoyage.com, nomador.com, houseitmatch.com, mindmyhouse.com, workaway.info, ou encore worldpackers.com, hosthelp.fr, etc. Les sites ne manquent pas.
- Choisissez votre logement pour les vacances : dans la famille, chez des amis, en camping avec une tente ou un mobil-home, appartement, hôtels, maison, etc. Pour les fonctionnaires, vous avez à votre disposition des campings associatifs.
- Partez en vacances hors vacances scolaires (juin ou septembre par exemple).
- Gardez vos tickets-restaurant pendant l'année afin de vous faire plaisir durant les vacances. Faites tout de même le calcul,

car les règles de maximum de tickets utilisés sont strictes, et il vous faudra les avoir utilisés dans l'année ou presque.

- Si votre société a un comité d'entreprise, vous aurez certainement le droit de commander à moindre coût des chèques vacances pour payer vos péages, essence, etc. Et éventuellement des tarifs préférentiels.
- Si vous prenez la route, préparez vos collations et pique-nique avant de partir, vous économiserez les repas à prix exorbitant des stations-service.
- Sur le même principe, partez avec le plein de carburant, afin de limiter les pleins sur l'autoroute qui vous coûteront nettement plus cher.
- Privilégiez les aires de repos sans station-service, afin d'éviter les tentations de la boutique et ses prix élevés.
- Si vous avez réservé un logement muni d'une cuisine, partez avec quelques provisions, afin de ne pas les payer plus cher sur place. En général, les courses alimentaires sur les lieux touristiques vous coûteront 10 % de plus.
- Faites des repas simples : salades composées, sandwichs, etc.
- Fixez-vous un nombre de restaurants maximum, et un montant maximum à ne pas dépasser durant votre séjour.
- Privilégiez les activités gratuites : plage, randonnées, visites, etc.
- Gardez les activités payantes pour votre dernier jour de vacances en fonction de l'argent qu'il vous restera sur votre budget vacances.
- Préparez les goûters avant de partir à la plage.
- Évitez de succomber aux vendeurs de plages (beignets, boissons, glaces, colliers de coquillages, etc.). Pour le prix

d'une glace, vous pouvez avoir un paquet entier dans votre congélateur de retour à votre location.

- Si vous vous sentez une âme d'aventurier, vous avez également des sites Internet spécialisés dans les voyages surprises en Europe, ou de loisirs aux enchères.
- Fixez-vous, avant de partir, une somme globale à ne pas dépasser une fois sur place. Vous pouvez même apporter un petit cahier de compte afin de savoir où vous en êtes.

Économisez sur les dépenses non vitales/addictions

Si vous êtes un fervent adepte des **jeux de hasard et autres « gratte-gratte »**, avez-vous déjà fait le calcul de combien ça vous a coûté par semaine, par mois, par an et pour finir, depuis le temps que vous jouez ? Et combien ça vous a rapporté ? Peut-être pouvez-vous ne plus en acheter ou réduire ces achats en en achetant un par mois, au lieu d'un par semaine ? Ou un tous les 6 mois ou un par an au lieu de tous les mois...

Les casinos, poker en ligne et autres jeux d'argent sont facilement addictifs, mais soyons clairs, il y a très peu d'élus et beaucoup de perdants. Les plus grands gagnants quand vous jouez à ces jeux, ce sont les organisateurs. Eh oui, statistiquement, vous avez plus de chance de coucher avec une star du grand écran que de gagner le million.

Pour **les cigarettes**, il faudrait arrêter définitivement pour votre santé en priorité et ensuite pour votre portefeuille. Par contre, si à ce jour, vous pouvez réduire petit à petit le nombre de cigarettes fumées par jour, je vous promets que de calculer le coût de votre consommation de cigarettes par mois, puis par an sera un vrai électrochoc. Eh oui, il y a de grandes chances que vous puissiez même vous offrir de belles vacances, et en plus, vous serez en meilleure santé, mais ça doit être votre décision. Personnellement, ça fait 5 ans que j'ai arrêté de fumer et c'est que du bonheur.

Vous avez une très bonne application sur votre téléphone pour vous aider à réduire ou à arrêter la cigarette, « Arrêter de fumer assistante » (petite précision, je ne suis toujours pas sponsorisée pour vous dire ça). Il y a d'autres applications très bonnes, donc choisissez celle qui vous convient le mieux.

Vous pouvez également vous aider grâce à de l'hypnose à écouter au moment de vous coucher (c'est ce que j'ai fait et je n'ai aucune sensation de manque depuis 5 ans), la cigarette électronique afin de diminuer la nicotine progressivement sur 6 mois et puis au naturel il y a le kudzu que j'ai également utilisé pour éviter le manque et être bien dans sa tête.

L'alcool peut être festif et convivial, mais quand c'est quotidien ou qu'on ne peut pas s'en passer, ça s'appelle une addiction. Indépendamment des excès, l'alcool coûte excessivement cher. Vous avez déjà fait le calcul de ce que vous coûte l'alcool par mois ? Et par an ?

Drogue : ai-je vraiment besoin d'en dire plus ? Même discours que pour l'alcool et la cigarette.

Voyance : pour beaucoup, consulter une voyante ou un voyant rassure sur l'avenir. Il n'y a aucun mal et c'est le choix de chacun, mais quand c'est vraiment régulier, est-ce bien raisonnable ? Est-ce qu'il n'y a pas autre chose qui pourrait vous rassurer et qui serait gratuit ? Ou apprenez à vous tirer vous-même les cartes… Ce n'est qu'une idée comme ça…

Si vous souffrez d'addictions, quelles qu'elles soient, vous pouvez vous faire aider par des associations spécialisées.

Économisez sur les dépenses de vos animaux

Ma première réflexion est la suivante : est-ce bien le moment de prendre un animal quand on essaie d'assainir son budget ? Oui, ce sont des petites boules d'amour, mais nous avons des responsabilités envers elles et il faudra les assumer financièrement.

C'est un acte important de prendre la responsabilité d'un animal : prix d'adoption, nourriture, paille, litière, cage, caisse de transport, vaccins tous les ans, vétérinaire (en cas de maladie, d'accident, croquettes médicales, soins palliatifs, euthanasie…), frais de garde pendant les vacances, etc.

Pensez également aux dégâts causés par votre petit chiot ou chaton trop mignon. Il lui faudra un peu de temps pour s'adapter à votre foyer et en attendant, vous aurez certainement besoin de changer le canapé, un peu de tapisserie, voire de prendre des cours de dressage.

Quel que soit l'animal que vous souhaitez adopter, ça vous coûtera forcément quelques gros billets. Si vous vous posez la question d'adopter un animal, coucher noir sur blanc les différentes responsabilités financières qui vont avec votre petite boule de poils (achat, castration, vaccins annuels, les bobos et les rendez-vous véto, les croquettes, etc.), et demandez-vous si c'est raisonnable aujourd'hui ? Et si vous pourrez toujours assumer dans le temps ?

Je sais, vous allez me dire que c'est vraiment terre à terre quand on aime les animaux, mais ne serait-ce pas plus cruel de devoir vous en séparer si vous ne pouvez plus vous en occuper ?

Vous êtes seul à savoir si c'est raisonnable ou non, mais chiffrez bien tous les postes de dépenses afin de ne pas avoir de mauvaises surprises et de pouvoir vous occuper correctement de votre animal tout en étant serein sur le plan pécuniaire.

Si vous avez déjà des animaux, il vous est possible de faire en sorte que vous lui apportiez un bien-être à moindre coût.

Peut-être pouvez-vous vous renseigner pour leur faire à manger vous-même en tenant compte de leurs besoins nutritionnels. Vous pouvez demander des morceaux de viande à votre boucher, ceux qui partiraient à la poubelle sans ça. Mais là encore, ça ne s'improvise pas, donc renseignez-vous bien en fonction de votre animal, et de sa santé.

Il existe également des antipuces et vermifuges naturels à base d'ail séché, etc. Par contre, je n'ai pas testé et ne suis pas vétérinaire, donc demandez à votre vétérinaire ou à un naturopathe spécialisé dans les animaux ce qu'il en pense avant de passer à l'action et soyez vigilant.

Économisez sur votre mariage (pas sur l'amour)

On le sait tous qu'un gros mariage coûte un bras, donc si vous voulez vous marier sans casser toute votre tirelire, inspirez-vous des idées suivantes :

- Éliminez tout ce que vous jugez superflu sans vous fier à votre entourage.
- Faites appel à vos proches pour qu'ils vous aident (décoration, musique...)..
- Évitez la réception le samedi et favorisez le vendredi.
- Évitez les mois entre mai et septembre inclus.
- Profitez d'une maison de famille pour éviter la location de salle.
- Peut-être pouvez-vous faire vos faire-part d'invitation et de remerciement vous-même, ou bien par mail si vous avez un entourage qui est connecté.
- Pour les alliances, vous pourrez penser aux diamants pour vos 5 ans de mariage par exemple, et partir sur une alliance simple, mais pleine de symbole pour le jour « J ».
- Louez votre robe de mariée et costume (en plus, vous n'encombrerez pas votre placard et c'est bon pour la planète).
- Faites votre maquillage vous-même ou demandez à une amie de vous maquiller.
- Demandez à vos invités de prendre des photos et vidéos, et de vous les faire suivre après votre mariage. Vous pouvez placer des appareils photo jetables sur les tables afin que chacun puisse vous laisser des souvenirs.

- Faites une playlist pour la musique, et demandez à un ou deux amis de confiance de jouer les DJ le temps de la soirée.
- Empruntez les bijoux.
- Faites votre décoration vous-même avec des éléments naturels.
- Trouvez votre décoration dans les brocantes et vide-greniers pour un style « shabby chic ».
- Côté cuisine et décoration, pensez aux fruits, légumes et fleurs locales et de saison.
- Réduisez les quantités de nourriture et d'alcool : souvent lors des mariages, on mange trop, beaucoup trop, et on évite les grosses cuites pour ce qui est du liquide par la même occasion.
- Remplacez les fleurs par des plantes vertes beaucoup moins coûteuses et tout aussi belles. Et en plus, ça ne fane pas... normalement... et vous pourrez en donner après votre mariage, et garder celles que vous souhaitez.
- On opte pour un cadeau par couple, et on y glisse le carton de remerciement par la même occasion.
- Pensez aux cadeaux faits maison. Laissez libre cours à votre imagination.
- Remplacez le champagne, par un bon vin pétillant, et ne prévoyez pas 15 sortes d'alcool, il vous en restera des tonnes sur les bras et l'addition va être très salée.

Avec ces astuces, vous ferez de belles économies, mais si vous êtes en difficulté financière, êtes-vous sûr que c'est le bon moment de vous marier ? Si vous vous dites oui pour la vie, peut-être pourriez-vous attendre l'année prochaine ?

Économisez sur votre logement étudiant

Lorsque les enfants quittent le nid pour faire leurs études, il y a beaucoup de frais à prévoir. Et les plus importants, ce sont ceux du logement lorsque l'école est loin du domicile familial.

On pense donc aux chambres d'étudiants, à la colocation, mais il y a une nouveauté dans le domaine.

C'est une application récente qui met en relation les parents d'étudiants qui doivent déménager le temps de leurs études : Coucou student, studylease.com. Le principe est simple, complètement solidaire, et à but non lucratif, ce qui explique les tarifs.

Je vous explique : elle permet de faire en sorte que deux familles qui cherchent un logement pour leur enfant le temps de leurs études puissent trouver un logement pour 30 €/mois. Les deux familles n'ont pas besoin d'échanger littéralement leurs domiciles. Mais admettons que vous ayez un jeune qui parte à Lyon pour ses études et qu'une autre famille ait un jeune qui part faire ses études à Toulouse, ces deux familles ont potentiellement une chambre vacante. Ces familles mettront toutes les deux leurs deux chambres à disposition de l'enfant de l'autre famille et ils n'auront que les frais de dossier de 30 €/mois à payer. Au lieu de parfois 400 €/mois, je vous laisse calculer les économies... Si toutefois, vous ne pouvez pas accueillir un autre étudiant, la cotisation sera de 130 €/mois, ce qui reste largement raisonnable au vu des prix des locations actuelles.

En résumé, je dirais que vous êtes seul juge de votre pouvoir d'achat et de vos priorités. De ce que vous voulez faire, ou pas. De ce que vous devez faire ou pas… Je veux simplement que vous preniez conscience de ce que cela vous coûte. De si ça vaut le coup pour **vous**. En fonction de **vos** moyens. De **vos** valeurs. Et de **vos** désirs.

Ne soyons pas esclaves de la surconsommation de masse, et adaptons nos efforts à notre situation actuelle et à nos projets.

Il existe d'autres façons de consommer et de se divertir à moindre coût, donc à vous de piocher dans ces idées-là, de noter celles que vous voulez mettre en place en priorité, ainsi que vos propres astuces si vous en avez d'autres. Donc à vous de jouer en le notant dans votre cahier.

Petits rappels :

- On n'en profite pas pour racheter autre chose.
- On rembourse ses prêts en priorité.
- On se fixe une limite acceptable sur les plaisirs.
- Et on épargne.
- Ici les propositions sont soumises à votre libre arbitre et je ne saurais avoir des responsabilités en cas de problématique quelconque.

Pour résumer ce chapitre, je dirais qu'il faut appliquer ce qui vous convient et qui est en adéquation avec votre situation financière actuelle. On ne gère pas son budget mensuel avec un gros salaire et peu de dépenses de la même façon qu'avec un petit salaire et de grosses dépenses. Entre les deux, il y a bien évidemment une multitude de nuances et de gestions différentes, donc poursuivez vos efforts, faites de votre mieux en ne lâchant rien et les beaux jours sont devant vous.

Chapitre 7
Introduction au minimalisme

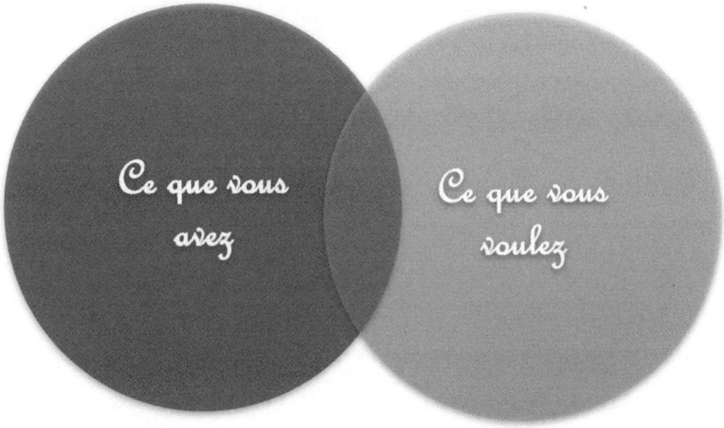

Tout ce dont vous avez besoin est dans cette petite partie où se chevauchent les deux cercles !

Le minimalisme et le **zéro déchet** peuvent paraître sans lien direct avec vos finances, mais quand on y regarde de plus près, tout est lié.

Je vous explique. Que l'on mette ces astuces/habitudes en place, pour le côté économique, le côté écologique ou le mieux-être, ça n'a que du bon. Ce n'est finalement que du bon sens, mais on vit à 300 à l'heure de nos jours, et ça nous laisse peu de temps pour réfléchir à tout ça.

Donc j'espère que les prochaines lignes vous aideront à gagner du temps, ou à vous apporter une autre façon de voir les choses. Comme pour le reste de ce livre, ce sont des suggestions, donc à vous de voir ce qui vous correspond ou non, et d'appliquer à votre rythme.

Mais avant de vous en dire plus, quand vous fermez les yeux et que vous visualisez une pièce bien rangée et une autre en bazar complet, laquelle vous stresse, ou vous apaise ?

Qu'est-ce que le minimalisme ?

Le minimalisme est un style de vie basé sur le fait de réduire nos possessions matérielles pour plus de temps libre, et le bien-être conscient et inconscient d'avoir son logement toujours rangé et organisé.

Qu'est-ce que vous avez en trop dans votre vie ? Qu'est-ce qui vous encombre sans même que vous en soyez conscient au quotidien ?

Cette philosophie de vie ne s'applique pas qu'au matériel, elle peut aussi être étendue à tous les domaines de notre vie : rechercher la qualité plutôt que la quantité ; choisir ses relations personnelles pour avoir des échanges plus agréables et de meilleure qualité ; avoir moins de loisirs, mais des loisirs de qualité et qui vous rendent vraiment heureux, etc.

Cet état d'esprit va à l'encontre de notre société de surconsommation, puisqu'on possède 10 fois plus que ce dont on a besoin ! 10 fois plus ! C'est énorme !

Et ça nous coûte à l'achat, au stockage, en temps d'entretien (ranger, déplacer, laver, etc.), en charge mentale, et au final en temps perdu avec nos proches !

« *La simplicité est la sophistication ultime.* »

Léonard de Vinci

Histoire du minimalisme

C'est un retour à la simplicité volontaire.

Inspiré d'un mouvement artistique né dans les années 1960 et dont le leitmotiv pourrait être assez bien résumé par la phrase de l'architecte Mies van der Rohe : « *Less is more* ». Traduisez par « le moins est le plus » = moins de matériel pour plus de bonheur pour faire court.

Ce désir de consommer moins pour consommer mieux paraît récent. Pourtant les réelles origines du minimalisme, dit également décroissance, remonte à Bouddha vers – 500 avant Jésus-Christ. Épicure, le poète et philosophe grec à la recherche du bonheur, prônait également un retour à la simplicité. Il voulait qu'on discerne le naturel de l'artificiel, et le nécessaire du superflu.

Donc comme vous pouvez le constater, c'est une véritable réflexion qui apaise le corps et l'esprit, une quête de bonheur en quelque sorte. Et c'est loin d'être une nouvelle lubie appliquée par quelques hippies farfelus. D'ailleurs, plus récemment, Marie Kondo a écrit un livre très complet à ce sujet. Elle est de nos jours une sorte de référence en la matière.

« L'endroit où on vit influe sur notre santé mentale et physique. »

Les avantages du minimalisme

Le minimalisme, c'est augmenter son niveau de liberté !

Le minimalisme, c'est aussi le fait de retrouver la liberté, de ne plus être attaché au matériel, ou de manière plus juste selon nos propres critères. Et ce, afin de se rapprocher des vrais plaisirs de la vie, ceux qui nous rendent réellement heureux, tels que les expériences et les relations riches de sens.

Nous avons tous notre degré de besoin de liberté, et chacun jugera sa situation et évoluera différemment.

Personnellement, j'ai commencé cette démarche avant de savoir que ça avait un nom. Ça m'a toujours fait du bien de retourner tout mon logement, ou une pièce ou un placard, peu importe. De tout vider, de trier, et de ranger proprement. Et après, qu'est-ce que je me sens bien ! À chaque fois !

Ça fait quelques années que je fais ça, et à chaque fois, je me débarrasse de pas mal de choses. Tout simplement parce qu'on évolue, les goûts changent, et nos besoins aussi. Et quand on fait le point sur la valeur d'achat, et la valeur de revente, ça fait réfléchir lors des prochains achats. Est-ce que je vais apprécier cet objet 1 jour, 1 semaine, 1 mois, 1 an, 10 ans ? Et est-ce que le prix est justifié par cette durée d'utilisation ? Vous êtes seul capitaine de votre réalité.

Vous savez, c'est comme quand vous louez un logement pour les vacances, et que vous vous sentez bien. C'est parce que vous êtes libre. Libre de vos horaires et de votre planning, mais aussi parce que vous êtes libre de tout ce qui est superflu chez vous et qui vous encombre inconsciemment la tête.

Le minimalisme réduit la charge mentale et le stress quotidien.

Notre cerveau arrive à ne plus voir les petits désordres, les objets qui ne sont pas à leur place. Mais si votre conscient ne le voit pas, ça encombre votre inconscient.

Tous ces bibelots que vous pensez ne plus voir et dont vous ne voulez plus, ces petits désordres viennent s'ajouter aux tâches du quotidien à faire (travail, courses, ménage, etc.) et tout ça vient augmenter votre charge mentale et votre niveau de stress.

L'objectif est de se débarrasser de tout ce qui vous encombre. Tout ce qui ne vous plaît plus, tout ce qui est cassé ou taché, etc. Et ça va vous permettre de faire des économies. Des économies de temps, car vous ne perdrez plus de temps à nettoyer ces objets. Des économies d'argent, car vous ne serez plus tenté de racheter d'autres « attrape-poussières » qui ne vous plairont plus dans 6 mois. Mais surtout des économies d'énergie, car ces objets n'encombreront plus votre inconscient.

Cela va vous permettre de mieux vous détendre et de vous laisser plus d'énergie pour ce qui vous fait vraiment du bien et qui a de la valeur à vos yeux.

Là encore, rien de nouveau. Aviez-vous déjà remarqué que les grands hommes de ce monde sont toujours habillés de la même manière ? C'est pour les mêmes raisons qui sont de diminuer leur charge mentale. Ainsi, ils limitent leur fatigue décisionnelle et ils augmentent leur créativité.

Quelle énergie déployez-vous le matin devant votre penderie à choisir ce que vous allez porter aujourd'hui ?

Eh oui, en résumé, le minimalisme, c'est plus de temps libre, plus de repos, moins de stress, plus de disponibilité du cerveau, plus de créativité, et surtout plus de temps pour des moments de qualité avec vos proches.

Le but étant de se débarrasser de tout ce que vous n'utilisez plus, de tout ce qui est cassé (ou alors, réparez-le), de tout ce qui ne vous procure plus de plaisir. Vous gagnerez ainsi du temps lorsque vous rangerez et nettoierez votre maison, et vous perdrez moins de temps à chercher vos affaires.

Le but est également de vous simplifier la vie, afin d'avoir plus de temps pour être plus créatif, et avoir plus de temps avec ceux que vous aimez.

C'est libérer son esprit en même temps qu'on vide ses placards du superflu. Autant la pagaille génère de la confusion et du stress, autant le minimalisme aide à redonner un esprit clair et serein.

Redevenez maître de vos envies et de vos besoins.

On a beau dire que ce sont nos choix lorsque l'on fait un achat, mais notre subconscient emmagasine toutes ces publicités et nous sommes tous influencés. Rares sont ceux qui achètent sans aucune influence publicitaire. On est pourtant beaucoup à le penser, mais combien de nous sont réellement libres de cette influence ?

Vous seul pourrez répondre à cette question en toute honnêteté… et encore… est-ce vraiment objectif ?

Ceci étant dit, le but est de réduire tous les achats qu'on fait sans réfléchir et qui ne nous apportent aucun plaisir, qui ne répondent à aucun besoin. Vous savez, le gadget que vous avez vu dans une boutique, et dont il était inconcevable que vous partiez sans. Et quelques semaines après, vous ne l'avez jamais utilisé, et vous vous demandez pourquoi vous avez acheté ça.

Gommer toutes les dépenses qui ne nous sont dictées que par la publicité, ou qui sont imposées par une certaine pression sociale comme le « pour faire comme tout le monde », pour paraître plus riche ou privilégié qu'on ne l'est réellement, pour se sentir appartenir à une communauté. Vous savez, les achats « il me faut les dernières baskets de telle marque », ou « la dernière montre connectée, ou « la voiture de telle marque », etc.

Tout cela est subtil, et bien souvent, on ne s'en rend pas compte. Par contre, je ne dis pas qu'il ne faut pas acheter ces baskets ou cette montre connectée, mais juste de remettre la réflexion au cœur de nos achats au lieu de céder sans cesse à l'achat compulsif pour des raisons inconscientes.

Pour vous donner un exemple très simple, est-ce qu'il vous est déjà arrivé de craquer sur un petit pull trop mignon ? Il est sur le mannequin dans la vitrine ou sur votre site d'achat en ligne préféré. Vous l'achetez. Et puis vous le laissez dans le placard parce qu'à bien y réfléchir, il ne va pas du tout avec votre teint, ni avec votre couleur de cheveux, ou encore parce qu'il marque votre petit bidou... Allez, je suis sûre que ça vous est déjà arrivé... Eh oui, ça nous est arrivé à tous... Et ça nous arrivera encore, mais l'objectif est de diminuer ces achats.

Autre exemple, est-ce qu'il vous est arrivé d'acheter des courses pour un régiment, par peur de manquer... ou juste pour avoir les placards pleins à déborder... et puis on arrive à la date de péremption et du coup, hop direction la poubelle... Que de billets durement gagnés et partis en fumée... Lorsque l'on sait vraiment ce qu'on a dans ses placards (cuisine ou penderie), on ne rachète pas les mêmes choses. Donc pas de doublon et des économies à la clé.

Le minimalisme est une philosophie de vie plus sereine et anti-gaspillage finalement. Mais surtout, surtout, surtout, faites ce qui vous fait du bien.

Je vais vous donner des pistes à suivre si vous le souhaitez, et quand vous le souhaiterez : marche après marche. C'est un cheminement personnel. Et chacun aura le sien. Réfléchissez à ce qui vous convient.

Si on garde en tête que ces objets vous prennent du temps, et que ce temps est précieux, vous aurez plus de temps et d'énergie, **que feriez-vous de ce temps qui vous rendrait heureux ?**

- ....
- ....

Minimalisme : mode d'emploi

Pour désencombrer et adopter en pratique cette vie en quête de bien-être, il y a plusieurs solutions qui sont les suivantes.

Première étape, on trie notre habitat. Peu importe par quelle pièce vous commencez, ou par quel placard, ou tiroir. Le tout est de commencer et d'aller à son rythme. Vous avez mis plusieurs années à vous constituer ces biens, vous ne trierez pas votre logement en deux minutes, c'est une certitude.

Et ce n'est pas une compétition, on a tous un volume d'affaires qui nous convient. Certains auront besoin de deux pantalons et de cinq T-shirts et d'autres auront besoin de beaucoup plus. À chacun de trouver son propre équilibre.

Vous verrez que vous allez redécouvrir des objets que vous avez en double, et des objets que vous aviez oubliés.

Vous aurez bien évidemment différentes catégories à trier comme les vêtements, les chaussures, les sacs à main, le sac à main lui-même, le maquillage, les livres, CD, DVD, les placards de la cuisine, la décoration, les papiers et les endroits « je ne sais pas où ranger ça, donc je le mets là », etc.

Étape suivante, on garde, on vend, on donne, on jette.

Faites 4 piles ou 4 cartons, lorsque vous ferez votre tri en fonction des 4 destinations de vos objets :

- **Carton N° 1 avec ce que vous souhaitez conserver :** ce que vous utilisez et/ou qui vous rend réellement heureux. Une fois votre catégorie triée, vous viendrez réorganiser/ranger ce carton.
- **Carton N° 2 avec ce que vous allez vendre :** les objets en bon état dont vous ne vous servez plus, ou qui ne sont plus adaptés à vos besoins et qui vous rapporteront un peu d'argent. Si vous n'êtes pas à l'aise avec ça, dites-vous bien que tout le monde le fait, donc, décomplexez-vous, ce ne sont que des objets et les petits sous seront bien dans votre poche. Vous pouvez vendre ces objets à votre entourage, *via* des sites de vente entre particuliers sur Internet, des magasins d'achat/vente, des brocantes...
- **Carton N° 3 avec ce que vous allez donner :** les objets qui peuvent servir à d'autres personnes et que vous ne souhaitez pas vendre.

Vous pouvez donner ces objets à votre entourage, des associations caritatives, des recycleries, des colonnes pour les dons de vêtements...

- **Carton N° 4 avec ce que vous avez à jeter :** les objets hors d'usage et que vous ne pouvez ni vendre, ni donner. Pour ce carton-ci, direction le tri sélectif.

On réorganise ce qu'on garde. On réorganise de manière à gagner du temps à l'utilisation. Petites boîtes, boîtes moyennes, grandes boîtes, en plastique, en osier ou peu importe, tout est bon tant que ça vous convient. Si vous vous sentez perdu, le livre *La Magie du rangement* de Marie Kondo vous explique différentes techniques de rangement et de pliage de votre linge afin d'avoir un environnement minimaliste qui vous facilite le quotidien.

Par exemple, vous savez, le linge de lit qui généralement ne ressemble à rien une fois rangé dans le placard et la taie d'oreiller dont on a du mal à retrouver le double ? Eh bien, vous pouvez tout à fait mettre tous les éléments de la même parure de lit pliés dans une des taies d'oreiller et le tour est joué. C'est rangé dans votre placard, et dès que vous aurez besoin de changer vos draps, il n'y a plus qu'à prendre le tout sans chercher les différents éléments coordonnés.

Ce n'est qu'une des nombreuses solutions qui vont vous faire gagner du temps et de l'énergie.

On réfléchit quand on achète. Afin de ne pas réencombrer vos placards, soyez vigilant lors de vos futurs achats. Est-ce que ça va vous être utile ? Est-ce que ça vous fait vraiment plaisir plus de cinq minutes ? Ou est-ce que c'est juste un coup de cœur que vous allez regretter rapidement ?

On se sépare d'un objet quand on en achète un nouveau. Toujours dans l'esprit de ne pas réencombrer votre logement, vous pouvez vous efforcer de faire sortir un objet avant de vous en acheter un autre. Par exemple, vous devez vous défaire d'un vêtement, si vous voulez vous en acheter un autre. Ça fonctionne quel que soit le bien. Vous avez prévu de vous acheter un autre appareil photo, vendez votre appareil actuel, et ensuite seulement, vous pourrez acheter l'autre.

Ce style de vie s'applique pour les objets de la maison, mais il peut s'appliquer également à tous les domaines de notre vie : aux relations (faites le tri dans les personnes de votre entourage qui vous sont nuisibles ou que vous n'avez pas plaisir à fréquenter), aux activités inutiles, etc.

Devenez maître de votre univers.

Pour résumer ce chapitre, je dirais qu'il faut être conscient de ce dont on a vraiment besoin et de ce qui nous procure réellement du plaisir. Que ce soit du matériel ou de l'immatériel, à partir du moment où l'on se connaît vraiment, on retire la surconsommation de notre vie et on est plus heureux, donc on fait moins d'achats compulsifs. Une fois cette philosophie de vie mise en place, tout devient plus simple.

Chapitre 8
Introduction au zéro déchet

Le zéro déchet est une façon de réfléchir à chaque objet du quotidien en mode « réutilisable ».

Comment réduire nos déchets ? Comment réduire nos factures ? Voilà ce que propose le zéro déchet contre quelques petites habitudes à changer au quotidien. Est-ce que ce ne serait pas un peu magique cette histoire ? Allez hop, je vous explique tout ça !

Quels avantages présente le zéro déchet ?

La première chose à laquelle on pense bien souvent quand on pense zéro déchet, c'est « réutilisable ». Et qui dit réutilisable, dit plus besoin d'encombrer sa liste de courses avec du consommable, ni de gonfler son ticket de caisse avec ses mêmes consommables, et cela dit aussi réduction de la taille de ses poubelles. Donc, des économies à la clé. 30 à 40 % d'économies très exactement !

Le but étant d'acheter en circuit court, de ne pas acheter les emballages, ni les frais de publicité répercutés à la vente. On économise également sur les achats impulsifs, voire compulsifs, de l'entrée de supermarché.

Le zéro déchet, c'est aussi un corps zéro chimie, donc une meilleure santé. Je vous en parlerai davantage par la suite. Le zéro déchet, c'est aussi faire attention à l'emballage de ce qu'on achète afin de remplir le moins possible sa poubelle.

Ça ne vous énerve pas d'aller faire vos courses, de rentrer et de mettre tous ces emballages à la poubelle ? En résumé, une partie de la carte bleue que vous venez de faire part à la poubelle, à peine rentré chez vous.

Sans compter la fameuse corvée de sortir ces fichues poubelles. Eh bien, vous n'aurez plus, ou quasiment plus à sortir les poubelles. Ça, c'est une bonne nouvelle, non ?

Bon, je crois que vous l'aurez compris, je déteste sortir les poubelles. Et vous, vous jetez combien de litres de poubelles par semaine ? Et sur l'année, ça vous fait combien de tonnes de déchets ?

Ne plus avoir de poubelle vous semble irréaliste ? Et pourtant, Béa Johnson et sa famille ne produisent que 1 litre de déchets/an pour quatre personnes. Impressionnant non ? Elle a écrit un livre beaucoup plus détaillé sur leurs façons de faire : *Zéro Déchet – 100 astuces pour alléger sa vie*. Je vous avoue que j'en suis loin, mais j'y travaille. En tout cas, si vous restez sur votre faim après ce chapitre, vous trouverez la version française de la famille Johnson, avec le livre *Famille Zéro Déchet, Ze Guide*, écrit en collaboration avec Nicolas Hulot.

Pour la planète, parce que, que vous soyez climato-sceptique (comme 28 % des Français), écolo convaincu (comme 37 % des Français) ou entre les deux (35 % des Français), les déchets partout, c'est quand même dégoûtant ! Donc agissons ensemble si vous voulez bien.

Vous avez déjà entendu parler du 7e continent ? En réalité, il y en a 5 dans nos océans. 5 énormes amas de détritus qui voguent sur nos beaux océans. Pour une amoureuse de la mer comme moi, c'est un réel crève-cœur. Celui qui se trouve dans le Pacifique représente à lui seul, **6 fois la superficie de la France**. Sur environ 30 cm de profondeur. Pour un poids estimé à **80 000 tonnes !**

Ces déchets flottent parmi les poissons que nous mangeons, et se déversent sur les plages sur lesquelles on va poser nos serviettes en période estivale. Les scientifiques projettent qu'à ce rythme-là, en 2040, il y aura plus de plastique que de poissons dans nos océans.

Pourquoi tous ses déchets ? D'où viennent-ils ? Eh bien tout simplement, de nous. D'accidents bien sûr, mais c'est loin d'être la cause principale. Nos incivilités et méconnaissances du sujet y sont pour beaucoup, mais ils viennent également de nos poubelles. Seuls 20 % de nos déchets sont recyclés ! Le reste est soit rejeté à la mer, soit enterré ou brûlé en incinérateurs...

Pour celles et ceux qui veulent lutter contre cette pollution, que ce soit pour l'écosystème ou pour la pollution visuelle, de plus en plus de démarches curatives se mettent en place. Vous avez à coup sûr des associations, ou des villes qui organisent des collectes dans des lieux publics proches de chez vous.

Le plus gros rassemblement a sans doute été à Mumbai (en Inde). Au début, cette action a été mise en place par seulement deux personnes. Puis les gens les ont rejoints. Puis la mairie a mis des moyens à leur disposition. À ce jour, ils sont 300 bénévoles chaque semaine à nettoyer les plages. En deux ans environ, ils ont comptabilisé que sur une seule des plages, ils ont ramassé 5 000 tonnes de détritus. Sur une seule plage ! Je trouve ces actions pleines d'espoir, mais ces mouvements mériteraient de se développer encore plus vite. À nous d'en prendre conscience, et d'agir selon nos moyens.

Que ce soit en pensant « réutilisable », en triant nos déchets, en arrêtant de les jeter en dehors des poubelles, en ramassant ceux qu'on trouve sur nos chemins, en organisant des séances de ramassage près de chez vous. Il y a mille manières de progresser.

Saviez-vous que lorsque quelqu'un jette un mégot de cigarette par terre, il pollue 500 litres d'eau ? Donc si vous êtes fumeur, prenez une petite boîte refermable ou un paquet de cigarettes vide qui vous servira de cendrier portable. Des initiatives sont même mises en place de plus en plus sur les plages avec des canettes vides mises à disposition pour servir de cendrier. Et que vous soyez fumeurs, ou non, informez-en vos amis, famille et collègues. Bien souvent, les gens ne se rendent pas compte des impacts de ces gestes en apparence anodins.

Dans le même registre des petits gestes anodins qu'on fait sans réfléchir, il y a le *chewing-gum craché* négligemment sur le trottoir. Bon déjà visuellement, c'est dégoûtant. Quand on marche dedans l'été, c'est l'enfer. Mais quand les oiseaux les mangent, ils en meurent. Ça vaut peut-être le coup de le cracher dans une poubelle, ou de le mettre dans un bout de mouchoir, non ? Vous ne le saviez pas, vous êtes pardonné.

Donc maintenant que vous le savez, partagez ces petits gestes autour de vous, car plus nous serons à le savoir, plus les bons gestes vont pouvoir s'additionner.

Vous avez même un jeu qui vous permet de dépolluer tout en s'amusant. Vous vous souvenez de cette folie qui a envahi les rues il y a quelques années avec les Pokémon ? Eh bien, vous avez l'évolution de ce jeu version écologique avec le « Pokédéchets Go ». Si vous êtes « gamer », allez jeter un œil sur l'application, lancez la partie et amusez-vous bien.

> ***La légende du colibri***
> *Si vous souhaitez aller plus loin, vous pouvez vous rapprocher du mouvement « Colibri faire sa part » fondé, entre autres, par Pierre Rabhi. Ce mouvement regroupe des individus qui cherchent et testent des solutions pour vivre plus respectueusement de la nature et des hommes.*

Mais revenons à nos moutons, aujourd'hui, ce qui nous intéresse, c'est l'argent, donc... Le zéro déchet vous apporte des économies, un gain de temps avec les fameuses poubelles, mais aussi un geste écologique ! Youhou ! C'est gagnant à tous les niveaux !

Mais en pratique, comment ça se passe ? La société actuelle prône le « jetable ». Cela devrait, soi-disant, nous faciliter le quotidien. En quoi ?

Quand on regarde de plus près, est-il plus simple de laver un torchon dans une machine à laver avec le reste de son linge, ou de penser à mettre « essuie-tout » sur la liste des courses, de se déplacer dans son centre commercial, de mettre l'essuie-tout dans le chariot, de passer en caisse. Puis vient le retour en voiture, les sacs de courses encombrants et qui pèsent une tonne. Alors, qu'est-ce qui est le plus pratique ? Personnellement, j'ai ma réponse.

Mais comment fait-on, me direz-vous ? Rassurez-vous, je vous donne immédiatement une liste non exhaustive de comment vous pouvez entamer une démarche économique et zéro déchet dans un tableau « produits du quotidien jetables », et leurs solutions alternatives.

Mais par quoi remplacer le jetable ?

À présent que nous avons vu les diverses raisons de bannir au maximum les produits jetables de notre quotidien, en pratique, ça donne quoi ?

Voici une liste non exhaustive de ce par quoi vous pouvez remplacer certains de vos objets du quotidien.

Vous y trouverez des solutions qui vous conviennent, et d'autres non. Certaines que vous mettrez en pratique de suite, et d'autres plus tard. Encore une fois, il n'y a aucune obligation, et allez à votre rythme. Rome ne s'est pas construite en un jour.

Voici quelques idées par poste d'utilisation.

Au quotidien

Courrier papier (relevé de compte, échanges administratifs, etc.)	Courrier électronique
Gobelets de café/thé jetables	Tasse thermos
Impressions/photocopies sur un seul côté	Impression recto verso ; faire des feuilles de brouillon ou dessin pour vos enfants
Fast-food	Burgers et frites maison (en plus ce sera plus sain)
Goûters et petits-déjeuners industriels	Biscuits et petits-déjeuners faits maison (de nouveau, c'est plus sain)
Jouets neufs	Jouets partagés à la ludothèque ; jouets de seconde main
Cadeaux	Cadeaux faits maison : paniers gourmands, etc.
Papier cadeaux	Furoshiki (système de pliage avec du tissu ou papier recyclé)
Publicité dans votre boîte aux lettres	Mettez un « stop pub » sur votre boîte aux lettres
Publicité sur votre boîte mail	Sélectionnez les pub, et mettez-les en spam (une boîte mail pleine avec la poubelle virtuelle pleine, consomme de l'énergie. Pour vous, et pour la planète)

Dans la salle de bains

Gel douche	Savon solide
Shampoing	Shampoing solide
Coton jetable	Coton lavable
Coton-tige	Oriculi ou coton-tige lavable
Dentifrice	Le faire soi-même (attention, proscrire toutes les recettes avec du bicarbonate de soude au quotidien, privilégiez l'huile de coco seule par exemple)

Démaquillant	Huile de coco (par exemple) pour les yeux uniquement
Crème hydratante pour le corps	Huile de coco (par exemple)
Crème hydratante pour le visage	Aloe vera (par exemple)
Masque cheveux	Huile de coco, ou beurre de karité (par exemple)
Rasoir jetable	Rasoir en inox
Déodorant	Le faire soi-même
Serviettes hygiéniques	Serviettes hygiéniques réutilisables ; culottes menstruelles
Tampons périodiques	Cup réutilisable
Mouchoirs en papier	Mouchoirs en tissu
Exfoliant visage	Le faire soi-même (miel et marc de café mélangés par exemple)
Baume hydratant pour les lèvres	Beurre de karité
Toilettes classiques	Toilettes sèches (le compost qui en est issu ne sent pas mauvais quand il est bien géré, et qu'on respecte le rapport azote et carbone)
Couches pour bébé	Couches lavables

Dans la cuisine

Essuie-tout	Torchons et éponges
Éponge jetable	Balayette en bois avec embout changeable ; tawashi (vieux collants ou chaussettes, noués de sorte à réaliser une éponge carrée. Voir les tutos sur YouTube par exemple)
Serviettes en papier	Serviettes en tissu
Vaisselle jetable	Vaisselle réutilisable
Produits nettoyants	Le faire soi-même

Papier cuisson	Feuille de cuisson réutilisable
Lessive	La faire soi-même
Assouplissant	Un peu de vinaigre blanc
Pailles en plastique	Pailles en inox ou carton
Lingettes nettoyantes humides	Tissus microfibre ; les faire soi-même avec de vieux tissus
Lingettes nettoyantes pour les vitres	De l'eau et une peau de chamois ; les faire soi-même avec un vieux tissu, de l'eau et du vinaigre ménager
Poubelles	Petit coin compost en extérieur ou en intérieur (ça ne sent pas mauvais quand il est bien géré et il existe des composts adaptés aux appartements sans extérieur sans odeur bien évidemment) ; avoir des poules si votre logement le permet + tri sélectif

Faire ses courses

Sacs plastiques (1 sac plastique met 400 ans à se dégrader)	Paniers ou sacs en tissus
Emballage plastique sous vide pour viande, fromage, etc.	Petits sacs en tissus et boîtes hermétiques en verre pour acheter en vrac : même les centres commerciaux les acceptent de plus en plus aux rayons à la coupe
Bouteilles d'eau en plastique	Bouteilles en verre, et gourde en inox + eau du robinet ou filtre à gravité style Berkey, British Berkefeld, Doulton par exemple.
Produits avec sur-emballage	Choisissez un autre produit

Sachant qu'il existe beaucoup de façons de faire, testez, puis adoptez celles qui vous conviennent.

Les matières premières du « fait maison » sont peu coûteuses, et c'est bien l'avantage. Là encore, attention aux pièges du marketing qui incite à mettre de nombreux produits non essentiels dans leurs recettes. Je pense notamment aux huiles essentielles qui sont coûteuses financièrement et nécessitent beaucoup de matières premières pour peu de produit fini. De plus, les huiles essentielles peuvent être dangereuses si on les utilise sans connaissance et elles ne parfumeront pas votre linge, car elles ne sentent plus rien une fois chauffées. C'est un conseil qu'on lit très régulièrement sur Internet et qu'il est bon de contrer.

Un autre avantage qui n'est pas négligeable, c'est que ce ne sont que des produits naturels, donc bons pour la santé quand ils sont bien utilisés. Contrairement à la majorité des produits du commerce.

Regardez et traduisez les étiquettes de vos produits en magasins, je vous promets que ça fait souvent peur : perturbateurs endocriniens, allergènes, produits chimiques cancérigènes et j'en passe.

Vous trouverez des applications qui vous permettent de scanner vos produits cosmétiques et ménagers, afin de décrypter tous ces noms barbares qui ornent les emballages des produits industriels : Yuca pour les cosmétiques et Scan Eat pour l'alimentaire par exemple.

Que penser du glyphosate (désherbant) et des produits chimiques dangereux dans les couches pour bébé par exemple ? Je ne ferai pas de commentaire, je pense que ça parle de soi.

Regardons en détail tout ce qu'on nous fait manger, tout ce qu'on utilise pour le ménage, ou pour notre corps ! Je vais juste paraphraser Jean-Pierre Coffe en disant que bien trop souvent : « c'est de la merde ! ».

À nous de devenir des consom'acteurs, de consommer activement et en conscience, car si nous n'achetons plus ces produits qui nous empoisonnent, les grandes industries en viendront à ne vendre que des produits sains pour notre santé, et pour celles de nos proches.

En termes de surconsommation alimentaire, et si vous ne savez pas par où commencer, je vais vous donner les chiffres du gaspillage alimentaire en France chaque année. Ce sont les chiffres de l'Ademe (Agence de l'environnement et de la maîtrise de l'énergie).

Limiter le gaspillage alimentaire

Nos consommations actuelles laissent à désirer et, même si près de 70 % des Français ont pris conscience des mauvaises habitudes et ont déjà commencé à agir, les déchets continuent à être colossaux.

Le constat est clair, le gaspillage alimentaire représente 150 kg par an et par habitant répartis comme suit : 29 kg en consommation à domicile, 21 kg en restauration, 20 kg en distribution, 32 kg en transformation, et 48 kg en production.

Il est plus difficile d'agir sur les autres secteurs de gaspillage, mais on peut agir sur ce qu'on consomme à la maison. En ce qui concerne la restauration, le fait de demander un « doggy-bag » se démocratise de plus en plus lorsqu'on ne finit pas son assiette.

Pour les buffets à volonté par contre, on remplit moins notre assiette et le tour est joué. Et si on a encore faim, on peut aller se resservir. D'autant plus que beaucoup de restaurants, avec des buffets, facturent aux clients les assiettes gâchées.

Chaque année, on jette 29 kilos de nourriture pour chaque personne du foyer. Ça veut dire que pour une famille de 4 personnes, cela représente 116 kilos/an.

Si on fait une moyenne, et qu'on considère que 1 kg de nourriture vaut 10 € (ce chiffre est volontairement bas), alors 116 kilos par an, ça représente : 1 160 €/an.

Les enfants restent à la maison environ jusqu'à leurs 20 ans, donc 1 160 € × 20 ans = 23 200 €. C'est 23 200 € qu'on jette littéralement à la poubelle !

Ça fait réfléchir non ? Je pense qu'on préférerait tous faire autre chose avec une somme pareille !

Pour réduire vos déchets alimentaires, voici quelques astuces.

On limite le sur-stockage.

On privilégie les **courses en vrac et en circuit court**. Munissez-vous de quelques bocaux ou de sacs en tissu et fini les emballages superflus.

En plus, vous serez sûr de la provenance de vos aliments, vous économiserez à acheter seulement ce dont vous avez besoin, vous créerez des emplois dans votre région, et vous réduirez les gaz à effet de serre, car pas ou peu de transport.

Faites les courses régulièrement et en fonction de votre liste de courses uniquement.

Classez sur le dessus les aliments aux dates les plus courtes dans le réfrigérateur.

Quand vous consommez des produits de qualité, ceux-ci sont plus rassasiants donc même s'ils sont un peu plus chers, les proportions seront à la baisse. Et votre santé à la hausse puisqu'Hippocrate disait « que votre alimentation soit votre première médecine ».

Consommez en priorité les dates courtes. Connaissez-vous la **différence entre DLC, DLV et DLUO** ? Vous avez les petites annotations sur nos denrées alimentaires précédées de « À consommer jusqu'au... » ou « À consommer de préférence avant... ».

Une **DLC** est la date limite de consommation, c'est-à-dire que le producteur et les services sanitaires vous déconseillent de le manger après cette date.

Une **DLV** est la date limite de vente, les magasins ont interdiction de vendre ces produits après cette date.

Et une **DLUO** est une date limite d'utilisation optimale, c'est-à-dire que vous pouvez consommer ce produit après cette date. Le produit peut être altéré au niveau du goût ou de la texture, mais n'est pas un risque pour la santé si vous le mangez dans un délai raisonnable.

Il y a toutefois des exceptions sur certains produits tels que :

- **Les œufs** : pour savoir s'ils sont encore consommables, plongez-les dans un récipient d'eau. S'ils flottent, jetez-les immédiatement. S'ils coulent tout au fond, c'est qu'ils sont encore bons. S'ils sont entre les deux, mangez-les, le jour même !
- **Miel** : le miel ne se périme jamais. Des archéologues ont même trouvé des jarres de miel dans les pyramides de la Vallée des Rois en Égypte. Ce miel datait d'il y a 2 000 à

3 500 ans. Certes, il avait perdu de sa qualité nutritionnelle, mais il était consommable.

- **Conserves** : elles sont consommables plusieurs années après leurs dates limites.
- **Les produits secs** (pâtes, riz, haricots, lentilles, etc.) : ils sont également consommables plusieurs années après leurs dates limites.
- **Le chocolat** : le chocolat est consommable jusqu'à deux ans après la date indiquée sur la tablette.

Compost : que vous soyez en appartement ou en maison, vous pouvez mettre en place un compost pour vos déchets végétaux. Bien évidemment, vous n'aurez pas les mêmes contraintes en appartement et en maison, mais des composts adaptés sont prévus pour l'un comme pour l'autre.

Grâce à ces composts, vous aurez moins de poubelles à aller jeter, et en plus il vous fournira terreau et jus de compost pour booster vos plantes d'intérieur et d'extérieur.

Avoir un compost chez vous, c'est 120 kg de poubelle en moins. Et contrairement à ce qu'on peut penser, comme on le disait un peu plus tôt, si votre compost est bien fait, il ne dégagera aucune odeur et il n'y aura aucune mouche ou autre insecte.

Afin de mettre en place votre compost, vous pouvez le fabriquer vous-même, vous le procurer gratuitement auprès de votre mairie (ou prix réduit), ou l'acheter en jardinerie.

Si vous êtes en immeuble, peut-être pouvez-vous mettre en place un compost partagé pour votre bâtiment ou votre rue…

Pensez à l'upcycling en redonnant de la valeur à vos déchets. De plus en plus de professionnels et de particuliers revalorisent les déchets tels que la restauration de meubles et d'objets, ou des entreprises recyclent de vieilles voiles de bateau en sacs à main, sacs à dos et coussins, etc. Le pire, c'est qu'à ce jour, ce sont des produits qui se vendent bien cher.

Ça n'a de limite que votre créativité ! C'est exactement le même principe que les alchimistes qui transforment les métaux non précieux en or.

Poules : si vous avez un bout de jardin, vous pouvez adopter des poules qui mangeront vos poubelles de table, et vous donneront de beaux œufs. Attention toutefois, les poules sont des animaux et même si elles demandent peu d'entretien (ça c'est ce qu'on dit, mais depuis que j'en ai quatre, je peux vous affirmer qu'il faut du temps pour s'occuper de ces petites coquines), il faut, comme pour tout animal, s'en occuper correctement et de manière journalière.

Voilà, vous en connaissez le principe, le but étant d'optimiser tout ce qu'on a de jetable chez soi.

Ne vous acharnez pas à vouloir tout mettre en place en même temps, vous allez vous lasser. Comme pour le reste, commencez par optimiser vos plus gros postes de gaspillage et ceux qui vous donneront satisfaction rapidement.

Ce sont de petites économies certes, mais mises bout à bout, ça aide à bien réduire le budget courses, ça allège la charge mentale des foyers, et la pollution de notre Terre et de nos océans.

Si ce chapitre vous a intéressé, je vous conseille d'aller sur le site de l'association Zero Waste France. Vous y trouverez les enjeux, les solutions, ainsi que des conférences et des actions zéro déchet.

En résumé de ce chapitre, le zéro déchet n'en est qu'à ses débuts. Au vu du besoin de stocker des volumes colossaux de déchets et des coûts de stockage et de destruction, on ne peut qu'aller vers le zéro déchet, mais ce n'est que mon avis.

Et vous, vous en pensez quoi ?

En résumé

Comme nous le savons tous, nous vivons à une époque où rien n'est facile. Mais je dirais que ça devient encore plus difficile si on ne fait rien et qu'on se laisse aller, voire « couler ».

Avec les bonnes pratiques, on peut **tous** vivre plus sereinement. Tout le monde ne pourra pas se payer un château, mais est-ce le but ? Nous faisons des choix, tous les jours. Nous prenons environ 35 000 décisions par jour et ce sont ces décisions mises bout à bout qui créent notre réalité. Et ces choix déterminent aussi notre situation financière. Ce sont nos petites habitudes, bonnes ou mauvaises qui, mises bout à bout, construisent notre futur.

Je vais vous donner l'exemple d'une personne que j'ai connue. Cette personne avait trois enfants, elle était dans les 5 ans de remboursement de son plan de surendettement. En plus de son plan de surendettement, elle avait 10 mois de loyers impayés. Cette personne, au lieu d'appliquer les principes et les astuces dont je vous ai parlé tout au long de ce livre, par manque de connaissance et de matraquage publicitaire, a préféré partir une semaine en vacances, deux fois en week-end pour jouer au casino, plus les sorties shopping, et enfin cette personne a invité 70 personnes pour son mariage... Et tout ça sur une seule année, celle de son jugement concernant les arriérés de loyers. D'après vous, est-ce qu'elle avait laissé tomber ? Oui, je le pense.

Le résultat est qu'elle a été expulsée de son logement. Je vous rassure, cette personne a pu trouver à se reloger avec ses enfants et son mari, mais quel stress ils ont dû vivre et quel risque pour les enfants.

Il y a beaucoup de personnes comme ça malheureusement qui se sentent perdues et écrasées par le poids de ce cercle vicieux des dettes. Ce n'est pas par manque d'intelligence, ou par fainéantise, mais simplement parce que personne ne leur a expliqué comment le système fonctionne. Et c'est pour ça que j'ai eu envie de partager mes connaissances bancaires, mais aussi les solutions que j'ai cherchées, que j'ai trouvées et testées, afin de me sortir d'une situation délicate.

Pour aider les gens qui veulent améliorer leurs conditions de vie, et ceux qui ont des projets, qui veulent se donner les moyens de les concrétiser et sans trop se prendre la tête. De manière **simple**, **structurée** et **efficace** !

Pour résumer, je dirai qu'il faut dans un premier temps, **identifier votre ou vos motivations et projets.** Dans quels buts voulez-vous améliorer votre situation financière ? Vous sortir d'une mauvaise passe financière ? Rembourser vos prêts ? Arrêter de payer des frais bancaires inutiles (ex. : agios et autres commissions d'intervention...) ? Payer les études de vos enfants ? Préparer votre retraite ? Acheter une voiture ? Vous offrir des vacances ? Vous préparer une retraite sereine ? Vivre sereinement au quotidien en préparant les coups durs de la vie ? Etc. Peu importe votre but, nous avons tous des besoins, des envies, des rêves différents et c'est bien normal.

Pour votre état d'esprit, je vous conseille :

- D'avoir une vision constante de votre objectif.
- De prendre des décisions, agissez, n'écoutez pas ceux qui ne connaissent pas.
- D'être patient.
- D'être discipliné.
- De vous prévoir des récompenses mesurées.
- D'être persévérant.
- D'être bienveillant envers vous-même.
- D'apprendre des erreurs que vous ferez et de continuer à avancer.

La mise en place de nouvelles habitudes est plus ou moins difficile pour tout le monde au début, mais sachez pourquoi vous le faites !

« *Un voyage de mille lieues commence toujours par un premier pas* », Lao-Tseu.

Élaborez votre plan d'action :

- Chiffrez vos objectifs :

De quel montant avez-vous besoin pour réaliser votre ou vos objectifs ? :

....€

Quel délai vous fixez-vous ?

.... /........./20...

Quelles sont les différentes étapes à définir et les dates d'objectif de réalisation de chacune de vos étapes ?

Si vous avez plusieurs objectifs, n'hésitez pas à procéder de la même manière pour chaque objectif. Attention toutefois à ce que vos objectifs soient atteignables.

....

....

....

....

....

Appliquez votre plan d'action :

Le 1er mois, analysez votre situation financière.

Le 2e mois, vous aurez bien engagé les démarches afin de réduire les charges fixes.

Le 3e mois, vous aurez amorcé les démarches pour réduire les charges aléatoires.

Le 4e mois, faites un premier point sur ce que vous avez pu mettre sur votre nouvelle épargne, et sur les prêts que vous aurez pu rembourser.

Le 5e mois, diversifiez vos revenus afin de ne plus être dépendant uniquement de votre travail de salarié.

Ces délais sont donnés à titre indicatif.

Certains mettront plus de temps que d'autres, et ce n'est pas grave.

Nous sommes tous différents. Le tout est d'aller dans la bonne direction et jusqu'au bout de la démarche.

Cap sur votre sérénité financière !

Conclusion

Comme je vous l'ai dit tout au long de ce livre, il faut changer ses habitudes de consommation et sa façon de voir les choses.

Ça vous est déjà arrivé d'entendre cet ami qui vous dit « désolé, mais je vais être juste ce mois-ci pour telle ou telle sortie, donc je te propose de la faire le mois prochain » ou « désolé, mais ce n'est pas prévu dans mon budget ce mois-ci, je te propose le mois prochain » ? Alors que vous savez par quelques conversations indiscrètes que cette personne a des petits sous de côté...

Vous ruminez peut-être en vous disant « moi quand je dis que je n'ai plus de sous, c'est que je n'ai plus de sous, même sur mon épargne... » Eh bien, désolée de vous le dire, mais c'est votre ami qui procède de la bonne manière. Donc soyez bienveillant envers vous-même et suivez son exemple.

A contrario, ne jalousez pas les personnes qui ont de belles voitures ou autres signes extérieurs de richesse. Vous ne connaissez pas leur vie, ni les sacrifices qu'elles ont dû faire pour acquérir ces choses-là. Peut-être que c'est une location pour le week-end. Peut-être que ça fait 5 ans qu'ils économisent pour pouvoir se l'acheter. Peut-être qu'ils ont sacrifié le temps avec leur famille pour gagner beaucoup d'argent, en travaillant beaucoup. Et puis, leurs objectifs ne sont pas les vôtres.

Donc ne perdez pas votre énergie avec ça, et focalisez-vous sur **vous** ! Rien n'est figé dans le marbre, rien n'est définitif.

C'est à nous de savoir ce que l'on veut, et d'agir en conséquence. Si j'ai pu le faire en suivant ces conseils, vous le pourrez aussi, par contre personne ne pourra le faire à votre place. Plus vite vous aurez commencé, et plus vite vous aurez atteint votre objectif. Pensez au sentiment de satisfaction d'avoir atteint votre but. La liberté de faire vos comptes rapidement et de voir l'avenir avec sérénité.

Tout comme moi, d'ici quelque temps, vous remercierez la situation d'aujourd'hui, car c'est elle qui vous aura permis de prendre de nouvelles habitudes, bonnes pour vous et votre sérénité financière. Et elle va arriver beaucoup plus vite que vous l'auriez pensé.

Je vous remercie de m'avoir lue, j'espère sincèrement que vous avez passé un moment agréable tout en apprenant plein de choses, et surtout que vous y avez trouvé tout ce que vous cherchiez !

Je terminerai ici en vous disant n'abandonnez pas vos rêves, agissez un pas après l'autre ! Soyez fier de vous à chaque progrès ! Croyez en vous ! Moi, je crois en vous ! La vie est un jeu, passez au niveau supérieur, c'est le moment.

Pour aller plus loin, j'ai conçu une formation 100 % en ligne que vous trouverez ici :

www.coachtavie.pro/equilibre-financier-serein

Vous pouvez également rejoindre la communauté sur « Happy Life coach ta vie » sur Facebook ou « coach_ta_vie.pro » sur Instagram !

Et si vous souhaitez me joindre, vous pouvez m'envoyer un mail à *sabrina@coachtavie.pro*

Je vous dis à très vite.

Je vous invite à venir nous rejoindre sur notre page Facebook privée accessible uniquement aux lecteurs de ce livre ainsi qu'aux participants à ma formation « Équilibre Financier Serein » :

« **Happy life** : Équilibre Financier Serein »

Cette page permet d'échanger avec les autres membres ainsi que moi-même en toute discrétion et sans jugement, et particulièrement sur la page privée. J'y publie des conseils et réflexions pour une approche complémentaire.

Un immense merci à mon entourage qui m'a encouragée et aidée à la réalisation de ce livre : Annie-France M., Hélène Q. et Christophe G.

Merci à mes parents et à la vie qui m'ont tout trois appris le fait que tout a toujours une solution.

Et surtout, merci à Jean V., Fabienne K., Sandrine P. et Guillaume C., ainsi qu'à ma maison d'édition pour leur confiance et leur accompagnement !

Et enfin, merci à mon mari, qui m'a laissée vivre cette aventure à ma façon, même quand mes mots ont dû réveiller les siens. Merci d'avoir tenu la barre de notre vie pendant que je naviguais dans ce rêve.

M81237 - (I) - CBB 80° - NCO - DNN
Dépot légal : novembre 2025
Achevé d'impression par Imprimerie CHIRAT - N° 2001974
42540 Saint-Just-la-Pendue
Imprimé en France